JN439538

국중홍 수필집

꽃씨야 꽃씨야

소소리

꽃씨야 꽃씨야

국중홍 수필집

1판 1쇄 인쇄/ 2017년 10월 25일
1판 1쇄 발행/ 2017년 10월 30일

지은이 / 국중홍
펴낸이 / 우희정
펴낸곳 / 도서출판 소소리

등록 / 제300-2007-21호
주소 / 03073 서울 종로구 성균관로 5길 39-16
전화 / 765-5663, 010-4265-5663
e-mail: sosori39@hanmail.net
www.sosori.net

값 13,000 원

*잘못된 책은 바꿔드립니다.

ISBN 979-11-5891-091-4 03810

꽃씨야 꽃씨야

국중홍 수필집

책을 내면서

가끔 스스로에게 묻는다. "나는 왜, 글을 쓰는가?"라고. 그리고 기꺼이 대답한다. "쓰는 것 자체가 즐거워서"라고. 글을 쓰는 게 기쁨이고 누군가에게 내 뜻을 펼치는 게 설렌다. 글을 쓰는 집중과 몰입의 시간을 나는 좋아한다. 글은 나에게 위로와 평안을 주며 스스로를 들여다보게 한다.

결국 글쓰기는 나에 대한 치유 과정이며 희망이다. 그동안 고이 간직한 소중한 생각을 풀어본다. 나의 분신이기도 한 이 글을 세상에 드러내는 것이 두렵다. 부디 첫걸음으로 너그럽게 받아주시면 큰 용기로 삼겠다.

부족하나마 논밭갈이 길을 열어주신 오창익 교수님, 이끌고 격려해 주신 선후배 문인, 가족과 형제, 직장 동료, 사회에서 만난 분들께 감사드린다. 특히 끊임없는 관심으로 큰 사랑과 도움을 준 친구도 잊을 수 없다.

『꽃씨야 꽃씨야』라 이름 붙인 이 책이 자랑될 것 없지만 또랑또랑한 눈빛을 가진 서울대학교 어린이병원의 소아청소년 환자들을 생각하면서 꾸준히 이어올 수 있었다. 그 어린이들과 이 기쁨을 나누고자 한다.

저와 더불어 함께해주신 여러분께 그저 감사할 뿐이다.

2017년 가을

송백(松柏) 국중홍

· 차례

1. 어머니의 미소

2. 요령잡이 조씨

3. 꽃씨야 꽃씨야

4. 그 겨울의 달빛

5. 아, 깨어났어요

1.

어머니의 미소

어머니께서 한평생을 고단하게 사시면서도 항상 우리를 잔잔한 미소로 대하신 것은 혹한을 견뎌냄으로써만 가능했던 봄을 향한 기다림과 그 봄에 피어날 잎들에 대한 꿈과 바람이, 아니 잔잔하면서도 줄기찬 기도가 있었기 때문이었을 것이다.

33년 지기(知己)

줄자로 친구 허리둘레를 재니 127㎝(50inch)다. 두툼한 허리에 3층 높이의 이 느티나무는 나와 33년 지기이다.

입사 초기 직장 선배 중에 낚시를 즐기는 분이 있었다. 만능 스포츠맨으로 우람한 덩치에 두주불사(斗酒不辭)의 주량을 자랑하셨다. 어느 봄날, 그 선배는 종로 묘목시장에서 사 왔다며 신문지에 싼 어린나무 한 그루를 주셨다. 딱히 심을 곳이 없어 사무실 옆 공터에 자리 잡은 게 어느새 33년이 지났다.

신입직원으로 눈코 뜰 새 없어 나무 심은 것을 까마득히 잊었다. 한 번도 거름이나 물을 준 적이 없다. 자라고 있는지조차 관심 밖이었다. 사계절이 수십 번 바뀌어도 나 살기에만 바빴다. 나무는 콘크리트 관로에 치여 뿌리내리기도 온전치 않았는

데 쭉쭉 뻗어 잘 자란 것을 보니 대견스럽다.

그늘을 찾는 더위가 찾아왔다. 땀 식혀주는 그늘이 그립다. 얼핏 '신입사원 시절에 내가 나무를 심었지.'라는 생각이 들어 느티나무를 찾았다. 오톨도톨한 수피를 어루만지며 비스듬히 솟은 가지와 타원형 잎들을 본다. 언젠가 관심을 가져줄 줄 알았다는 듯 잎을 흔들어 반겨준다. 미안한 마음에 햇빛 반짝이는 나뭇잎과 멋쩍은 눈인사를 나눈다. 그늘에 드니 금방 더위가 가시고 마음마저 차분해진다.

순간 지난 33년의 풍상(風霜)이 언뜻언뜻 스쳐간다. 내게 스스로 묻는다. 나는 누군가에게 그늘이 되어본 적이 있는가? 나는 누군가에게 쉽게 다가올 수 있도록 가슴을 열어본 적이 있는가? 더위와 땀을 식히면서 끝없는 부끄러움이 밀려온다.

느티나무는 새순으로 봄을 알려준다. 타원형 톱니 모양의 푸른 잎이 뜨거운 여름에 그늘을 준다. 노랗다가 붉어지는 단풍으로 가을을 선물한다. 겨울에는 눈 쌓인 가지 흔들며 검은 자주색 겨울눈을 틔운다. 느티나무는 이렇게 계절 따라 운치 있는 풍경으로 우리 곁에 있다.

33년 지기, 한 아름으로 안으며 얼굴을 대본다. 너그럽게 받아 주는 느티나무의 도량이 한없이 큼을 느낀다. 말 한마디 없이 속마음을 알아주는 친구이기에 너무 고맙다. 내게 묘목을 준

고마우신 대선배님은 이미 고인이다. 나는 곧 퇴직하여 떠나도 나무는 푸른 잎으로, 그늘로, 단풍으로, 겨울눈으로 많은 사람에게 사계절 좋은 풍경이 되면서 남아 있을 것이다.

"친구야! 자주 돌보지 않은 나를 많이 원망했지? 그래도 네가 한 가지 꼭 알아줬으면 한다. 너와 비슷한 시기에 심어져 위치 좋은 곳에서 자라던 나무가 모두 떠났단다. 왜냐하면 그 자리에 건물이 들어섰거든. 비록 후미지지만 뿌리내린 자리에서 안분지족(安分知足) 하며 오래도록 살아 준 것에 감사하다. 사실 너무 미안해서 공치사를 늘어놓는다. 고마운 너를 생각하며 시조(時調) 한 수 짓는다."

회갈색 거죽 옷에 뾰족뾰족 타원형 잎
지기로 삼십삼 년 나 몰라라 했건마는
그늘로 보듬는 도량 반백 지나 깨닫는다.

"33년 지기야! 묵묵히 곁에 있어줘서 고맙다. 그리고 미안하다. 내가 너의 그 마음을 잊지 않으마. 그리고 약속할게. 지금부터 나도 누군가에게 그늘이 되어주도록 할게. 바로 느티나무 너처럼." 하고 혼잣말을 읊조려 본다.

동물들의 넋을 기리며

"이 세상에서 고귀한 빛과 소금의 역할을 한 실험동물은 반드시 저세상에서 영광 누릴 것을 믿고 이제 고별 인사드리오니 부디 영면하시기를 비옵니다." 실험동물위령제 추모사의 끝머리다. 동물들의 넋을 기린다.

연구원에서는 매년 의학연구 실험에 희생된 동물들을 위해 위령제를 지낸다. 국내에서 500만 마리 이상의 동물들이 해마다 실험용으로 희생되고 있다. 실험용 쥐 등 설치류가 약 85%를 차지하고 이어 토끼, 개, 돼지, 원숭이 순이다.

실험하여 얻은 유용한 정보는 인간의 복지만을 위한 것은 아니다. 장기적으로는 불필요한 동물의 희생을 줄이고 동물의 건강을 증진하기 위한 동물복지에도 이바지한다는 중요성을 가지고 있다.

인류의 건강을 증진시키기 위해서는 현실적으로 동물실험을 대체할 방법이 흔치 않다. 결국 실험자들은 불가피하게 동물을 실험할 수밖에 없으나, 과학적이며 인도적인 방법을 이용하여 동물의 고통을 최소화하는 윤리적 규정을 지키는 데 관심을 높이고 있다.

실험을 통한 동물들의 희생으로 난치병의 치료법이나 치료제가 개발되어 인간의 수명이 연장되고 있다. 의약품뿐만 아니라, 농약, 화장품, 식품 등이 인체에 미치는 영향을 예측하는 데도 활용된다.

실험용 동물이 사육되는 동안에는 사람도 누리지 못한 좋은 환경에서 특별 관리된다. 하지만 그들은 자신의 의지와 관계없이 생사의 기로에 서서 싫다 좋다 표현도 못하고 일방적으로 당하는 입장이다. 안타까운 일이다. 그래서 그들의 고귀한 희생을 조금이나마 위로하며 기리고자 동물위령제를 지내는 것이다. 그 넋이 따스한 봄날에 아름다운 꽃으로 환생하여 다시 피워지기를 바란다.

S대 의대 도서관 옆 '함춘원' 터를 지나 병원 본관 건물 뒤편에서 의생명연구원으로 가는 오르막길이 있다. 내가 자주 걷는 출근길이다. 간 연구소 건물의 경계를 나타내는 적색 벽돌로 쌓

은 담벼락을 타고 개나리가 줄지어 심어져있다. 건물과 건물 사이에 위치하고 있어 햇빛을 보는 시간이 짧아 거의 그늘에서 자라고 있다. 겨울이면 골목바람이 유독 세차게 부는 곳이다.

원내에서 봄을 가장 늦게 맞이하고 가장 오랜 시간을 품고 있다가 보내는 장소이기도 하다. 다른 곳의 개나리꽃이 시들어 떨어질 때 이곳은 피어난다. 여리게 피어나는 개나리꽃이 실험동물과 겹쳐 떠오른다.

그늘에서 핀 꽃이 이슬을 머금고 있을 때는 오물오물 풀을 씹는 순한 초식동물의 눈동자 같다. 이들이 한낱 뒤꼍의 꽃으로, 실험동물로 가벼이 다뤄져서는 안 된다는 생각이다.

인간을 위한 동물들의 희생이 봄날에 아름다운 꽃으로 환생하여 다시 볼 수 있기를 원한다. 동물들의 넋을 가장 오랜 시간 품고 있다가 보냄으로써 그 희생을 기리고자 한다. 마지막 순간까지 인간을 위하여 산화한 그들 희생의 값은 새삼 구구한 설명이 부질없다 하겠다.

그들의 고귀한 희생을 기리기라도 하듯 연구원 맞은편 화단에는 철쭉과 영산홍이 수채화 물감이 되어 뿌려져 있다. 꽃들이 참 곱다. 진실로 희생에 대한 고마움을 전하고자 어루만진다.

"오늘, 감정과 감각이 있는 생명체로서 실험에 희생이 된 동물을 위로하는 엄숙한 자리에서, 이 사람은 모든 실험자와 함께 실험동물의 값진 죽음을 슬퍼하며 삼가 영전에 머리 숙여 명복을 비는 바입니다." 추모사의 첫머리다.

감정과 감각이 있는 생명체라서 더욱 안타깝다. 의학에 종사하는 실험자가 실험동물의 숫자를 줄이기 위해 동물을 사용하지 않고도 가능한 다른 실험법이 있는지를 깊이 연구하고 있다는 것은 다행스러운 일이다.

퇴근길 연구원 앞에 라일락 향기가 풍긴다. 인간을 위해 산화한 그들의 귀한 향기인 듯 유난히 짙다.

동물들의 넋을 기리며 다시 한 번 빌어본다.

'이 세상에서 고귀한 빛과 소금의 역할을 한 실험동물은 반드시 저세상에서는, 그 아픔 없기를!'

하피첩에 담긴 가족 사랑

얼마나 그리우면 그랬을까. 십 년째 유배 중인 남편에게 아내는 시집 올 때 입고 온 빛바랜 치마를 보냈다. 그 치마에 다산(茶山) 정약용(1762~1836)의 가족 사랑을 담은 글이 '하피첩(霞帔帖)*'이다.

징검다리 연휴가 시작되는 5월이다. 근로자의 날, 석가탄신일, 어린이날, 대통령 선거일 사이의 사흘을 휴가 내면 무려 열하루를 쉰다. 직장인에게 꿀 같은 휴식이다. 문화해설사인 아내가 경복궁 국립민속박물관에 가볼 것을 추천한다. 비록 낡았지만 귀한 책을 볼 수 있단다.

하피첩, 제목부터 생소하다. '하피'는 노을 빛깔의 붉은색 치마를, '첩'은 소책자를 뜻한다. 다산이 두 아들 학연, 학유에게 교훈이 될 만한 글을 적은 서첩이다. 나는 여기서 조선시대 사대부의 은근한 부부애를 엿보았다. 다산이 이 책자를 만든 때는 전남 강진에 유배된 지 십 년째인 1810년으로 그의 나이 49세 때다.

당시 경기도 광주에 살던 부인 홍혜완이 남편을 그리는 마음에 시집 올 때 입고 온 예복을 보냈다. "너무 보고 싶어요."의 에두른 표현이다. 빛바랜 치마를 받은 다산, 역시 멋진 고수다. 그 치마를 잘라 "나도 한없이 그립소." 대신 두 아들에게 선비가 품어야 할 올바른 마음가짐의 글을 썼다.

전시실에 펼쳐진 문구 하나. '경직의방(敬直義方)' '공경함으로 내면을 바르게 하고 의로움으로 행동을 반듯하게 해야 한다.' 선비의 꼿꼿함으로 무장된 정약용의 가치관이 읽힌다. 또 다른 문구 '화평(和平)'에 밑줄이 쳐 있다. 강조하는 의미다. '천리(天理)는 순환하니, 한 번 넘어졌다고 일어나지 못할 것은 없다.'라고 했다. 희망이 실종된 요즘 젊은이에게 시대를 넘어선 교훈으로 든든한 위안이 된다.

'당파적 사심을 씻어라.' '근면과 검소, 이 두 가지는 좋은 전답보다 나아서 한평생 쓰고도 남는다.' '재물이란 메기와 같다. 잡으려 할수록 미끄럽게 빠져나간다.'도 그대로 가슴에 와 닿는다. 세월이 꾸깃꾸깃 접히기라도 한 것인가. 전혀 옛 글로 느껴

지지 않는다.

다산은 혼인하여 6남 3녀를 낳았다. 불행히도 4남 2녀는 요절하고 2남 1녀만 장성했다. 잃은 자식이 남은 자식의 두 배다. 여섯 아이를 잃은 부부의 심적 고통은 말로 표현할 수 없었을 것이다. 자식을 천연두로 잃은 경험은 훗날 우두 종두법을 소개하는 의학서를 저술한 동기가 된다.

정약용은 서문(序文)에 서첩의 제작 경위를 밝힌다. 그 글을 보니 아비로서의 담담한 심경이 그대로 내게 전해져 저절로 시조(時調) 한 수가 지어진다.

천리 길 유배지에 새색시 붉은 치마
비단결 고운 무늬 두 아들 사랑으로
당부 글 부모의 마음 잘 헤아려 새겨라

겹겹이 쌓인 회포가 또 읊어진다.

유배된 십 년 세월 고운 아내 아득한데
어버이 자식 걱정 잘 되기를 비는 마음
전라도 강진 촌락에 국화꽃이 곱구나.

다산의 일생만큼 하피첩의 운명도 기구했다. 6·25전쟁 중

유실, 2004년 폐지 수레에서 발견된다. 2006년 TV에서 진품 확인, 2010년 보물 제1683-2호 지정, 2011년 부산저축은행 사건 압류 포함, 2015년 국립민속박물관이 낙찰 받아 소장 중이다. 실로 파란만장 하피첩의 제자리 귀환이다. 오늘 이렇게 값진 유산과의 만남을 추천한 아내가 고맙다.

때마침 가정의 달 5월에 물음을 던진다. 200년 전 부정(父情)을 담아 자식에게 가르침을 전하고자 한 유배 중인 아비의 심정은 어땠을까? 현세의 나는 아내와 자식에게 무슨 말을 남기면 좋을까? '그래, 그것 참 잘 됐다.' 휴대폰 문자가 아닌 손글씨로 또박또박 써줘야지. '난 널 사랑해.'라고.

박물관을 나서는 데도 노을빛 치마를 보낸 애틋함이 여운으로 남는다. 하피첩, 아무리 생각해봐도 "너무 보고 싶어요."가 만들어 낸 걸작이다. 바로 이것이 가족 사랑이라고 넌지시 이르고 있다.

보석 같은 푸른 5월의 하루다.

*하피첩(霞帔帖): 보물 제1683-2호로 1810년 정약용이 전남 강진에서 유배하던 때 부인 홍혜완이 보낸 치마에 두 아들에게 교훈이 될 만한 글을 적은 서첩.

꽃 피던 시절

초인종 소리가 나를 깨운다. 눈 비비며 문을 열자 그녀가 서 있다. 상큼하게 차려입은 그녀는 "외출 준비하고 나오세요!"라고 말한다. 그녀와의 애정이 꽃 피던 시절이다.

그즈음 나는 울산에서 직장에 다니며 공부하고 있었다. 그녀와는 편지를 주고받는 사이였다. 이른 아침에 찾아온 것으로 보아 어젯밤에 심야 교통편으로 서울에서 내려온 것이다. 전날 만나 같이 있다 보면 일(?)이 생길 것을 우려하여 아침에 만나는 방법을 택한 것이다.

하긴 젊음이 터질 듯하니 자신을 지키기 위한 방법으로는 최선이었을 터이다. 토요일도 수업이 있는지라, 내가 서울로 올라가지 못하고 예고 없이 띄엄띄엄 일요일 아침부터 시작되는 데

이트는 주경야독하는 나에게 활력이 되었다.

한 학기를 마치고 방학을 맞아 마음의 여유를 가질 무렵 종전과 다름없는 아침 데이트가 시작되었다. 밝은 성격의 그녀가 평소와는 달리 마치 멀리 떠나는 엄마가 다시 돌아올 때까지 걱정되는 아이를 달래듯, 이것저것 다짐하며 약속을 받아내는 것이다. 전혀 속을 알아차리지 못한 나는 건성건성 대답하면서 오히려 '약속한 여자, 엊저녁에 오지.'라는 불평을 속으로 했다.

땅거미가 질 무렵, 우리는 하던 대로 고속버스터미널에서 차창에 손을 맞대고 아쉬운 작별을 나눴다. 왠지 웃음 뒤에 눈물을 삼키고 있다는 것을 버스의 맞은편 창을 통해 볼 수 있었다.

며칠 후 퇴근하여 숙소에 오니 그녀에게서 편지가 와 있다. 지난번 특별히 아쉬워하며 헤어진 그녀의 얼굴을 그려볼 때, 간절한 사연이 담겼으리라 기대하며 편지를 읽는다. 간절한 사연 대신 간담을 서늘케 하는 계획과 일정이 쓰여 있다.

그녀가 이민을 준비하며 공부하고 있었다는 것을 나중에 알았다. 먼저 떠나 정착한 형제를 따라, '이번에 가족과 함께 가게 되니 잘 살고 있으라.'는 당부와 함께 코팅된 네 잎 클로버가 한 장 들어 있다.

이민을 떠나기 전날, 나는 서울행 고속버스를 탔다. 회사 다니며 공부한다는 핑계로 줄곧 그녀가 내게 다녀갔던 일들이 나를 위한 배려였다. 이것저것 다짐하며 약속을 받아냈던 것도 떠나는 준비였다. 나는 잠시라도 같이 있고 싶어 서울로 향한 것이다.

가족들은 나를 따뜻하게 맞아주었다. 기약 없는 이별을 앞두고 하룻밤을 샜다. 떠나는 준비는 이른 아침부터 시작되었다. 공항으로 가는 차에서 내가 할 수 있는 것은 손을 꼭 잡아주는 것뿐이었다. 탑승수속을 마치고 인파에 떠밀려 그녀가 시야에서 사라질 때까지 손을 흔들어주었다.

활주로는 나의 눈물로도 식혀지지 않을 열기로 뜨겁게 피어오르고 있었다. 배웅과 이별의 한숨을 엔진의 굉음으로 합성한 채 항공기는 하늘로 솟아올랐다. 아쉬운 이별의 손짓처럼 연기가 흩어지며 구름 속으로 사라지고 육중한 기체가 한 점으로 남은 것을 가슴에 담고 돌아섰다.

다행히 국제우편을 통해 서로 소식을 주고받았다. 어렴풋이나마 사랑의 아픔이 무엇인지를 느끼고 깨달으며 나는 성숙되어 갔다. 군 생활을 하는 동안에도 끊어질 듯 이어지긴 했지만 기약 없는 그리움만 가지고 미래를 약속할 수는 없었다. 아쉬운 이별을, 활활 태운 연기가 하늘에 흩어져 사라지듯 그녀와의 애정도 점점 옅어져갔다.

6년여의 세월이 흐른 늦가을 어느 날 전화벨이 울렸다. 그녀가 한국에 다녀가고자 귀국했다는 음성이 가까이 들렸다. 우리는 다음 날 만났고 서로의 성장한 모습을 확인하며 많은 이야기를 나눴다. 대화가 무르익을 즈음, 그녀의 입을 통해 놀라운 계획이 밝혀졌다.

"이번에 한국에 온 것은 나와 결혼하여 수속을 밟아 같이 들어가려고 왔다."라는 것이다. 결혼하여 신랑과 함께 들어가겠다는 말이 아닌가. 나는 귀를 의심했지만 그녀의 말뜻은 명쾌하고 분명했다.

아, 이 일을 어쩌랴. 아니, 어디서부터 설명을 해야 한단 말인가. 아버지께서 회갑 전에 작은형과 나를 결혼시켜 회갑 일에 모든 며느리의 큰절을 받는 것이 소원이라는 계획 하에, 나의 결혼식을 두 달 앞둔 시점이다.

마음을 가라앉히고 코앞에 닥친 나의 현실을 설명해 주었다. 자초지종을 듣고 난 그녀는 "이렇게 빨리 결혼을 준비하고 있을 줄 몰랐다."라고 한다. 진작 자신의 계획을 내게 알리지 않은 자책과 함께 오랫동안 준비해 온 일이 수포로 돌아가는 것에 대한 실망의 빛을 감추지 않았다. 우리는 서로를 바라보며 무거운 침묵의 시간을 보냈다.

그녀를 태운 오토바이는 달린다. 나는 오른손에 힘을 주어 액셀을 당긴다. 지평선 끝까지 달려 석양을 쫓아 차라리 묻히고 싶다. 아스팔트를 가르며 얼굴에 부딪히는 늦가을 바람이 강해질수록 어깨에 머리를 기댄 그녀의 양팔은 더욱 허리를 조인다. 한참을 달려 강물이 흐르는 둑에 멈춘다. 총총히 별이 뜬 하늘에 작은 구름 하나가 홀로 흐르고 있다.

"지금 이 시간만, 품을 빌려 주세요."라고 말하는 그녀는 이미 어깨를 들먹이고 있다. 이루어질 수 없는 사랑임을 느끼고자 밤새 우리는 그렇게 이슬을 맞는다. 서로가 사랑할 수도, 미워할 수도, 슬퍼할 수도 없는 현실을 인식하는 데는 밤샘이 며칠이어야 할지 가늠할 수 없다.

그녀와 헤어져 집에 돌아온 나는 이기지도 못하는 술과 싸워 결국 지고 말았다. 그녀는 일정을 훨씬 앞당겨 일주일도 지나지 않아 긴 시간을 비행하여 돌아갔다.

어느덧 강산이 세 번 바뀐 지난 일이다. 사람은 추억을 먹고 자라며, 그 추억은 다시 차곡차곡 쌓여 인생을 이루나 보다. 사랑을 나누며 주고받았던 편지를 결혼 후, 아내에게 상자째 보여 주었다.

"이제 그 사랑을 내게 주는 거지요?"라고 묻는 아내에게 대답 대신 고개를 끄덕였다. 어느 날 갑자기 그녀가 찾아와 초인종을 누른다 해도 당황하지 않을 것이다. 그녀도 가정을 꾸려 엄마가 되었을 테고, 나도 내 아내는 물론 아이들에게도 이해를 구할 수 있을 것 같다.

이렇게 말이다.

'자신을 지켜 오히려 나를 구해주고 떠난, 애정이 꽃 피던 시절이 있었노라고….'

예술가 할머니

오후 여섯 시가 막 넘은 지하철 안이다. 혜화 서울대학교병원역에서 탑승했는데 뒤따라 타신 두 분의 할머니가 경로석에 앉으신다. 내가 들고 있는 가방을 굳이 받아 주시겠다며 내민 손에는 여기저기 페인트가 묻어 있다. 나의 시선이 닿는 것을 의식하셨는지 "우리는 예술가예요."라며 겸연쩍어 하신다.

나도 마찬가지지만 두 어른도 하루 일과를 마치고 돌아가는 길인 것 같다. 70대 중반쯤 되어 보이는 할머니는 아파트나 주택의 페인트 도색 일을 하고 있다신다. "연세가 있어 힘들지 않으세요?"라고 여쭈니 그런대로 할만하단다. 일반 사람이 한 달 내내 식당에서 일하고 받는 월급을 자신은 일주일 만에 벌고 있다며 자부심이 대단하셨다.

아침 일찍 작업을 시작하고 대신 오후에 일찍 마치는 특성이 있단다. 손발이 맞는 사람끼리 팀이 되어 역할을 수행해야 효율도 오르고, 그것이 이어져 계속해서 일감이 들어온다 하셨다. 오늘은 이곳에서 내일은 저곳에서 커다란 건물에 아름다운 색을 칠하며 행복해하는 삶의 모습이 그대로 얼굴에 배어 있다.

어느 날 상가 건물에서 작업하실 때였단다. 무거운 페인트 통을 들고 승강기를 타러 가다 턱에 걸려 넘어지셨다. 지나는 사람이 그렇게 많아도 통증에 웅크리고 신음하는 할머니를 거들어 주는 이가 한 사람도 없었다. 감싸쥔 다리의 통증이 가실 때쯤 자신의 행색을 보고 많은 것을 느끼셨단다.

얼굴과 목덜미를 덮는 햇빛가리개 모자, 마스크 착용, 팔에 낀 토시와 면장갑, 허름한 작업복, 낡은 운동화, 옷에 묻은 페인트, 보이는 것으로 평가되는 현실을 원망하며 스스로를 달래셨단다. 할머니가 깨끗한 차림에 양산이라도 받쳐 들고 있다 넘어졌더라면 그냥 지나쳤을까? 생각할수록 씁쓸한 일이다.

내가 근무하는 직장 내의 편의점이나 카페에서 일할 직원을 채용하는 면접을 한 적이 있다. 이력서와 자기소개서를 보니 전문분야를 공부하고 해당 자격증을 소지한 젊은이가 여럿 있었다. 전공을 살려 관련 직종에 지원하지 않은 동기를 물으니 돌아오는 답이 가관이다. 이유인즉 공부는 했어도 힘들고 어려운 일은 하지 않겠다는 것이다.

여상 졸업을 앞두고 가정 형편이 어려워 대학 진학을 할 수 없는 학생 3명을 합격시켜 매장에서 일을 배우게 했다. 10여 년이 지난 지금, 각 매장에서 책임자로서의 역할을 충실히 하고 있다. 전공과 관계없이 쉬운 일을 찾아, 그것도 서비스 직종에만 지원자가 몰리는 현실이 안타깝다.

요즘 우리나라의 웬만한 제조 공장에는 외국인 근로자가 들어와 일을 하고 있다. 가축을 키우는 농장, 채소와 과일을 재배하는 비닐하우스 농사, 심지어 고추를 따는 일도 외국인의 손을 빌리고 있다. 우리나라의 경제 순위가 세계 10위권에 가까운 선진국 문턱에 와 있는 것은 사실이다. 그러나 안쓰럽게도 오르지 못하고 그 문턱에 머문 지 오래다.

얼마 전에 서울 지하철 2호선 구의역에서 한 기능공이 스크린도어를 수리하다 사고가 발생했다. 고교생 티를 막 벗은 19세의 청년이었다. 청년의 가방 속을 찍은 사진이 공개되자 모두의 시선은 그곳에 머물렀다. 손때 묻은 공구와 컵라면, 나무젓가락, 그리고 수저가 보였다.

이제 수저는 비정규직 근로자의 아픔을 대변하는 상징이다. 정해진 수리 시간을 맞추기 위해 어떻게든 빨리 끼니를 해결하고자 밥 대신 라면을 먹어야 했던 그의 모습이 그려졌다. 청년들이 힘들고 어려운 일을 피하기만 하는 것은 아니다. 저임금과 부당한 대우로 시달리는 젊은이들에게 희망을 주는 일자리 환경 변화가 절실하다.

지긋한 연세에도 힘든 일을 하시는 할머니. 많은 고객을 대하며 열심인 직원. 궂은일 마다 않는 외국인 근로자. 미래가 보이지 않는 비정규직 근로자를 포함하여 이들에게 꿈이 있어야 한다. 조금 늦게 가더라도 구성원이 행복하다고, 살만한 세상이라고 말하며 지낼 수 있었으면 좋겠다.

나는 오늘도 천천히, 밥알을 꼭꼭 씹어가며 점심을 먹었다. 아침은 아내가 손수 차려준 반찬과 국으로 식사를 했다. 저녁도 아주 늦지 않으면 따뜻한 밥을 지어준다. 평범하다고 생각한 이러한 일상이 다른 사람에게는 '로망'이 된 지 오래라지만 나에게는 항상 현실이니 넘치는 행복에 감사하다.

어려운 사람을 생각하면 내가 누리는 호사가 미안한 생각이 든다. 스크린도어를 수리하다 비명에 간 청년이 자꾸 눈에 밟힌다. 주제넘게도 이 시대를 살아가는 어른이라는 일말의 책임에 마음이 무겁다. 사람 사는 세상에 사람답게 사는 그림 하나를 제대로 그리고 있지 못하고 마음뿐이다.

오늘은 어느 곳에서 활기찬 모습으로 행복한 그림을 그리고 계실까? 할머니가 원하는 그림은, 아니 예술은 무엇일까? 서울

하늘 아래 어디에선가 그림을 그리고 계실 할머니가 떠오른다. 그녀가 그리는 무지개가 나비효과 되어 많은 사람을 행복하게 만들 것이다.

예술가 할머니의 만수무강으로 힘찬 날갯짓이 오래도록 이어지기를 빌어본다.

어사화(御賜花) 만세

한 뼘 남짓 뭉툭 잘린 잎을 비집고 난꽃이 피었다. 허름한 관복(여기서는 난 포장지를 이름)을 입었지만 사모(紗帽)*에 꽂힌 어사화(御賜花)*가 이보다 더 귀할 수 있을까? 역경을 헤치고 피어난 난꽃이기에 마음마저 숙연하다.

긴 장마가 끝났다. 숨이 막히는 더위의 시작이다. 에어컨을 오래 가동하여 실내를 환기하려고 베란다 문을 열었다. 확 다가오는 더운 바람에 섞여 은은한 향이 풍긴다. 나란히 놓인 몇 개의 화분 틈에서 "나, 여기 살아 있소."라고 외치며 난이 꽃대를 두 대나 세워 활짝 피어 있다.

어느 해 가을이었다. 등단을 축하하는 의미로 친구가 동양란을 보냈다. 난은 그해 가을과 겨울을 금박지에 싸여 응접실에서

귀히 보냈다. 그런데 올봄에 여러 화분과 함께 베란다로 밀려났다. 좁은 공간에서 무럭무럭 새잎을 틔우며 자라는 다른 나무를 가지치기하면서 아내가 이 동양란의 기다란 잎을 한 뼘 남기고 가위로 싹둑 잘라 버렸다.

아, 이 일을 어쩌랴. 귀하신 몸이 밖으로 나앉은 것도 모자라 품위를 내세우는 우아한 자태마저 뭉텅 잘리다니. 차마 눈 뜨고 볼 수 없는 몰골이다. 난은 동양화에서 고결함을 상징하는 문인화의 대표적 소재인데 우리 집에 와서 겪어야 하는 수모가 말이 아니다.

초록빛 잎줄기 끝에 노란빛을 단 반질반질한 잎을 잃었다. 수사슴의 머리에 난 뿔이 통째로 잘린 모습이다. 어쩌다 베란다를 청소할 때 뿌리는 물로 갈증을 달래야 했다. 잘려나간 잎의 끝은 뻗지 못하고 누렇거나 시커멓게 타들어 갔다. 바람 한 점 없는 불볕더위를 고스란히 맞아야 했다.

이렇듯 온갖 어려움을 견뎌내고 핀 난꽃이기에 마주하기조차 미안하다. 나는 목마르면 물을 마시고 더우면 시원한 곳을 찾았다. 말 못하는 식물로 원망 하나 없이 제 할 일을 다 하느라 얼마나 고단했을까. 한집에 같이 살면서 돌보지 않은 잘못에 대해 책임을 느낀다.

그 어려움을 이기고 피어난 난꽃이 물끄러미 나를 바라본다.

나는 조금만 불편해도 "할 수 없다." "못 한다."라고 말하며 살아오지 않았는가. 또한 환경과 조건을 탓하며 불만을 토로하고 있지 않은가. 그런 내게 보란 듯이 꽃대를 세워 활짝 핀 난꽃이 말없이 가르침을 준다.

우아함을 나타내는 부드러운 곡선의 긴 잎은 비록 뭉툭 잘렸지만 거기에 핀 꽃은 당당한 기품이 있다. 들여다보니 활짝 핀 연녹색 꽃잎에 자주색 잔금이 그어져 있다. 사대부 가문의 선비가 붓으로 연이어 찍은 듯한 크고 작은 점도 보인다. 그윽한 난향은 역경을 딛고 일어나야만 풍길 수 있다고 말하는 듯하다.

나는 난의 주인으로서 지금부터라도 정성을 기울인다. 먼저 난을 응접실로 들인다. 강한 햇빛을 피하고 적당한 온도를 유지시켜줘야 한다. 뭉툭하고 짧은 잎이 얼른 자라도록 물주기에 신경을 써야겠다. 다만 물이 부족한 듯해야 꽃을 피운다는 난의 특성도 잊지 않겠다. 더운 여름에 원기를 회복하라고 난 영양제도 꽂아 주어야겠다.

응접실로 옮겨진 난은 여전히 누렇게 바랜 관복을 입고 있다. 우아한 잎마저 잘려 그 끝은 시커멓다. 그러나 결코 초라하지 않다. 의연한 기품이 있다. 임금이 내린 어사화 같은 꽃대를 두 대나 꽂고 있지 않은가. 꽃대 마디에 진액이 맺힌다. 고난을 이겨낸 기쁨의 눈물인 양 영롱하게 반짝인다.

그 반짝임에 나는 고마운 마음으로 격려한다. '만세, 우리 집 어사화 만세!'라고.

*사모(紗帽): 고려 말기에서 조선 시대에 걸쳐 벼슬아치들이 관복을 입을 때에 쓰던 모자.

*어사화(御賜花): 궁중잔치 때에 신하들이 사모(紗帽)에 꽂던, 임금이 내린 꽃.

어머니의 미소

그날, 어머니는 금요일 속회를 우리 집에서 보기로 하여 성도들과 함께 나눌 시루떡을 부엌에서 안치다 뇌출혈로 쓰러져 3일간 의식불명 속에 계시다가 결국 하늘나라로 가셨다. 자식들의 성장한 모습과 성실하게 살아가는 좋은 모습도 지켜보지 못하고 51세의 짧은 나이를 끝으로, 한평생을 희생으로 살다 그렇게 가셨다.

어머니가 나신 곳은 산이 나지막하고 넓은 평야가 있으며 물이 좋아 살기 좋은 시골마을이었다. 외조부는 일찍이 학문을 터득한 고을의 유지 중 한 분이었고, 어머니는 화목한 가정의 2남 4녀 중 둘째 딸로 행복한 어린 시절을 보냈다고 한다. 외조부와 외조모는 자식들에게 학문과 예를 가르치기 위해 남다른 노력을 하셨다고 한다.

외조부는 사윗감을 물색하던 중, 근동에 사는 19살의 청년에게 마음이 끌렸다. 준수한 외모에 효심이 지극한 젊은이였다. 선을 보고 돌아온 외조부는 18살의 어린 딸에게 "훌륭한 총각이다."라고 말씀하셨다. 일본군이 진주만을 공격하고 승리에 승리를 거듭하는 상황 속의 1943년 3월 14일, '송우만 씨의 둘째 딸은 국용환'에게로 시집을 왔다. 어머니는 막내며느리임에도 온순한 성격 탓으로 시아버님과 시어머님을 모시고 살면서 사랑을 독차지하셨다.

아버지는 일제강점 말기에 강제 징용되어 2년간 고생을 하다가 해방이 되면서 겨우 살아 돌아오셨다. 그 기간 동안 어머니 혼자서 시부모님을 모시고 산 고생은 이루 말할 수 없었으리라. 전쟁에서 살아 돌아온 아버지는 집에서 농사일을 하시고 어머니는 거의 매일을 시장에 나가 채소를 팔아 우리 형제들 학비를 마련하셨다. 땀으로 얻어진 그 한 푼 한 푼이 우리의 학비로 마련되었고, 아들만이라도 가르쳐야 한다는 부모님의 강한 의식에 우리 3형제는 끝까지 공부를 마칠 수 있었다.

초등학교 시절에 담임선생님의 아버지가 돌아가셨다. 어머니는 계란 한 꾸러미를 짚에 싸 들고는 쑥스러움과 창피함에 따라가지 않으려는 나의 손목을 잡고 선생님 댁에 조문을 다녀오셨다. 이렇듯 예의와 마음의 정성을 생활로 보여주신 것은, 지금껏 내가 사는 동안 그 어떠한 유혹에서도 나를 지킬 수 있는 참된 교육이었다. 어머니는 우리에게 어려서부터 바르게 살아가는 지표를 몸소 생활로 보여 주셨다.

우리 아버지는 집안 식구건 누구건 칭찬하는 일이 별로 없었다. 다만, 예외가 있었다면 하나는 아들 칭찬, 또 하나는 그 아들을 칭찬하는 사람에 대한 칭찬이 있을 뿐이었다. 기쁨과 슬픔을 크게 나타내지 않는 성격이기도 하셨다. 살아생전 어머니의 기억력은 선천적인지 후천적인지는 모르나 놀라운 것이었다. 어린아이부터 노인에 이르기까지 생일, 제삿날, 심지어 이사 간 날까지 머릿속에 죄다 정리되어 있어서 메모하지 않아도 편리하기가 비길 데 없었다.

어렸을 때 누나들은 식사를 마치면 본인들의 숟가락을 감추어 놓곤 하였다. 집안 살림이 어렵고 힘들어도 우리 집에 거지가 찾아오면 어머니는 김칫국에 보리밥 한 덩이를 내어 주었다. 그래서 혹시라도 거지 식사에 자신들의 숟가락이 사용될까 봐 감추어 두었던 것이다. 어머니가 돌아가셔서 상을 치르는 동안 인근 지역의 거지들이 슬퍼하며 줄줄이 조문을 다녀가는 진풍경이 벌어졌다. 아마도 어머니는 그들의 허기뿐만 아니라 마음의 배고픔까지 함께 채워준 인정 많은, 거지의 어머니였는지도 모른다.

어머니의 희생! 그것은 우리 6남매의 피와 정신이고 오늘의 우리를 있게 하여주신 동력이었다. 51세, 너무도 일찍 돌아가신 어머니. 젊은 시절의 고생만 아니었다면 좀 더 오래 사셨을 것이라는 안타까운 생각이 든다. 아들딸을 먹이고 공부시키고자 고스란히 바친 짧은 생이었다.

어디, 고기 한 점을 마음 놓고 잡수셨으랴! 이가 쑤시고 아파도 치과에 한번 가지 못하고, 그 훤한 얼굴에 분 한번 찍어 바른 일 없다. 새 옷 한번 해 입어 보신 일도 없으신 그 일생. 그래도 어머니는 잔잔하면서도 그윽한 미소로 늘 우리를 대하셨으니, 그 잔잔함 뒤에 숨은 고통과 비애가 없지 않았을 터, 자식들 몰래 눈물도 많이 흘리셨겠지.

예의 그 미소는 역경의 산물이라고 믿는다. 한가한 사람, 편안한 사람, 먹을 것, 입을 것이 넉넉한 사람은 그런 미소를 자아낼 수 없다. 어머니께서 한평생을 고단하게 사시면서도 항상 우리를 잔잔한 미소로 대하신 것은 혹한을 견뎌냄으로써만 가능했던 봄을 향한 기다림과 그 봄에 피어날 잎들에 대한 꿈과 바람이, 아니 잔잔하면서도 줄기찬 기도가 있었기 때문이었을 것이다.

감사드린다. 어머니의 그 바람과 기도가 있었기에 우리 6남매의 봄과 여름이, 또한 부족함이 없는 가을이 있음을 감사, 또 감사드린다.

'어머니, 사랑합니다!'

둘이서 걷는 길

섣달의 해는 일찍 저문다. 올겨울 들어 처음으로 눈이 쌓인다. 영하 10℃가 넘는 한파일지라도 혼자가 아닌 둘이라서 행복한 길이다.

함박눈이 펑펑 내리는 휴일 저녁 아내와 우이천을 걷는다. 두툼한 방한복에 목도리를 두르고도 북한산 타고 내려오는 겨울바람을 안고 걸으니 추위가 매섭다. 하얀 눈을 밟으며 아내와 함께 걷는 것이 얼마 만인가. 가로등 불빛에 흩날리는 눈발이 저절로 아내의 손을 꼭 잡게 한다.

길 따라 우뚝 솟은 건물들이 차가워 보인다. 어스름 저녁 하나, 둘 불 켜진 방에서는 행복이 익어가고 있을 것이다. 마치 다가오는 설에 가족들이 모여 웃음꽃 필 날을 기다리는, 고향의 부모님이 명절이 다가오면 객지로 나간 자식이 언제 올까 하마 하마 기다리며 밝혀둔 불빛 같아 따듯하게 느껴진다. 떨어져 지내던 가족이 한데 모이는 가정은 항상 웃음꽃이 피어난다.

불현듯 부모님이 떠오른다. 꽁꽁 언 새벽 추위에도 아버지는 우물에서 물지게로 물을 길어 와 아궁이에 불을 지피며 밥을 짓는 어머니를 돕곤 하셨다. 설이 다가오면 어머니는 부엌에 고무 목간통을 가져다 놓고 자식들을 차례대로 씻겨주셨다.

추위를 덜 타도록 가마솥에 물을 데워 부어주며 겨드랑이 문질러 주시던 어머니 손길이 그립다. 씻긴 몸을 번쩍 안아 부뚜막에 세우고 흐르는 물기를 닦아주면 쪽문 열고 냉큼 안방으로 들어간다. 온몸에 으스스 돋은 소름은 얼른 내복을 입고 쩔쩔 끓는 아랫목에 들어서서야 녹아 내렸다.

우이천의 개천가 길섶에는 잡목과 키 큰 갈대숲이 있다. 여울져 졸졸거리며 흐르는 물속에는 팔뚝만한 잉어와 붕어 떼가 노니는 곳이다. 어둑하여 보이지 않지만 물고기도 수초에 의지해 휴식을 취하고 있을 것이다. 아내와 나의 발소리에 놀란 청둥오리 두 마리가 풀숲에서 푸다닥거리며 공중으로 날았다.

덕성여대를 지나 북한산에 가까워질수록 오래된 소나무가 눈에 띄었다. 개천가로 비스듬히 굽은 소나무에 지지대를 세워 보호하고 우회하여 자연친화적으로 길을 낸 배려가 아름답다. 있는 그대로의 모습을 살려 개발한 것이 자연스럽고 보기에도 좋았다.

잎이 진 앙상한 아까시나무에 덩그러니 까치집이 앉아 있다. 가로등 불빛 타고 내리는 눈발 속에 빈 둥지가 휑하니 쓸쓸하게 보인다. 한때는 알을 품고 새끼 치며 깃들어 지내던 새들의 아늑한 보금자리였을 텐데. 언뜻 텅 빈 고향을 지키고 계신 어른들이 떠오른다. 흩어져 사는 가족을 그리며 기다려주는 부모가 계시다면, 그는 모름지기 행복한 사람이다.

초등학생 둘이서 길가의 가로등 밑에 금을 그어놓고 종이비행기 멀리 날리기 시합을 하고 있다. 해가 저물어 어두워져도 저녁 먹어라 부를 때까지 골목길에서 뛰어놀던 천진난만한 내 어린 시절이 떠올라 걸음을 멈추고 한참 바라보았다. 동심의 세계에서 함께 놀던 코흘리개 친구들의 얼굴이 겹쳐진다.

서울 도봉구의 마스코트인 '둘리'를 우이천에서 만날 수 있었다. 가로등 아래 둘리 이야기 벽화를 감상하다 보니 옛 생각이 절로 났다. 만화가 김수정이 쓴 〔아기공룡 둘리〕의 고향인 이곳은 우이천을 신나게 누비며 놀다가 쉬고 있는 둘리의 친구 도우너, 또치, 희동이의 앙증맞은 조형물도 있다.

어느덧 우이천 상류에 이르니 벽면에 여러 시(詩)가 전시되어 있어 잠시 걸음을 멈추고 읽는다. 마침 지나는 어르신의 자전거에서 가수 최희준이 부른 노래 '하숙생'이 흘러나온다.

> 인생은 나그네길 어디서 왔다가 어디로 가는가
> …중략…
> 인생은 나그네길 구름이 흘러가듯 정처 없이 흘러서 간다.

노랫말처럼 인생은 '나그네 길'이라는 생각이 든다. 돌부리에 채어 넘어질 수 있고, 험난하여 다칠 수 있으며, 유혹에 빠져 모든 것을 잃을 수도 있다. 생각 없이 일을 저질러 아내 마음을 상하게 한 적이 한두 번이던가. 크고 작은 일이 있을 때마다 참고 기다리며 오늘의 행복을 지켜준 아내가 새삼 고맙다. 아내의 손을 꼭 잡는다.

돌아오는 길, 찬바람 부는 밤하늘 샛별이 유난히 반짝인다. 추위에 콧등과 양 볼이 빨개졌다. 아파트 입구에 들어서기만 했는데도 바람을 막아서인지 훈훈하다. 현관에 들어오니 어릴 적 부엌에서 벌벌 떨면서 목욕을 마치고 아랫목에 든 것처럼 포근하다.

욕조에 더운물 받아 몸 담그고 반신욕을 즐긴다. 얼었던 몸이 스르르 녹는다. 눈을 지그시 감으니 행복한 길이 펼쳐진다. 다가올 명절에 고향에 가면 한 곳에 모인 가족들과 실컷 웃음꽃 피우고 정을 듬뿍 담아 오리라.

추우면 어떻고 더우면 어떠리. 할 수만 있다면 지고 살고, 속고 살고, 양보하며 살아가야 편안하다. 어느새 아내는 따끈한 솔잎차 한잔을 건넨다. 앞으로 나아갈 길이 아내와 함께라서, 아니 둘이라서 행복한 길이다.

간절히 염원한다. 이 세상을 마음으로 보며 오래도록 둘이서 함께 갈 수 있기를….

2.

요령잡이 조씨

인생살이가 어찌 평탄하기만 하겠는가. 망자가 가는 길에도 난관에 봉착한다. 상여의 세로보다 폭이 좁은 길에 닿았다. 그렇지 않아도 통과하기 힘든 길을 요령잡이는 아예 상여 위에 올라서서 요령을 흔들어 댄다. 마치 전쟁터에서 결전을 앞둔 병사들의 사기를 독려하는 장수의 모습 같다.

골프에서 배운 교훈

세상에 완벽한 사람이 있을까? 사람은 그렇게 되려고 노력할 뿐이다. 골프에서 내가 배운 교훈은 평정심(平靜心)을 찾아 최대한 근육의 유연성을 가지는 '힘빼기'이다. 이것을 실행한다면 골프나 인생 농사에서 풍년은 아니더라도 최소한 허실 없는 평작 유지는 가능하리라 본다.

흔히 골프를 인생과 견주어 흡사하다 말한다. 살아가면서 자식과 건강 다음으로, 마음대로 안 되는 것 중 하나이기도 하다. 산 넘고 물 건너 또 다른 장애물을 극복해야만 성공의 길에 도달하는 것이 닮았기 때문일 것이다.

우리가 스포츠에 열광하는 것은 과정의 순수함 때문이다. 술수나 조작으로 가능한 일이 아니다. 싱글 플레이어와 동반할 수 있다는 것은 행운이며, 그들이 존경스럽다. 그 수준에 이르기까지 노력한 땀과 자기관리가 돋보인다. 정상에 서는 것도 어렵지만, 그것을 지키는 것은 더욱 어렵다.

골프에서 '힘빼기'는 프로에게 레슨을 받으며 한번쯤은 들어봤을 법한 말이다. 어떻게 힘을 뺄 것인가에 대해서는 프로마다의 이론과 방법이 다양하다. 골퍼들이 스윙을 하는 데 있어 힘을 빼면 동작이 일관적이고 단순하며 부드러워 보인다. 결국 평정심을 찾아 근육이 유연성을 가지고 있을 때 심플하고 일정한 스윙이 가능하다는 말일 것이다.

라운딩 중에 젊은 패기나 오기로 내질렀다가는 여지없이 엉뚱한 방향으로 볼이 날아가는 것을 본다. 장타자인 사람으로 기왕 도전을 하려면 한 살이라도 젊었을 때 해볼 일이다. 잘못되더라도 만회할 수 있는 시간과 얻는 경험이 있기 때문이다.

바람이 잔잔하고 내리막길에 해저드 건너 둥그런 그린이 눈에 확 들어오면 장타의 골퍼는 헤어나기 어려운 유혹에 빠진다. 더구나 스코어가 뒤지고 있을 때는 더욱 그렇다. 이와 같은 상황이 인생의 고비에 맞닥뜨려지더라도 나이 들어 객기부리는 일은 절대 금물이다.

일반적으로 두 배판이 걸린 파5홀에서는 팽팽한 대결이 펼쳐진다. 여기서 드라이버샷이 OB(out of bounds의 약칭으로 코스의 경계를 넘어선 장소)나면 끝장이다. 동반자들은 버디나 파를 노리고 있다. 이 상황에서 혼자 양파를 하여 옴팍 덤터기 쓰는 인생 최악의 쓴맛을 보고서야 사슴 눈뜨는 슬픈 현실을 맞지 않으려면 과욕을 부리지 말아야 한다.

골프를 즐기는 것은 좋으나 가려야 할 것이 있다. 동반자와의 관계, 나가서는 안 되는 날짜, 마치 지금의 자리가 영원할 것처럼 내세우는 행동 등이다. 혹시라도 개인이 가지고 있는 훌륭한 능력을 작은 결점 때문에 그르칠까 염려되어 하는 말이다.

보통 4명이 한 팀으로 네댓 시간을 하는 운동이니 동반자도 중요하다. 유독 자기주장이 강하고 남의 탓을 잘하는 사람과 함께하면 운동이 아니라 고역이다. 돈 내고 스트레스 받지 않으려면 최소한 '내가 하면 로맨스요, 남이 하면 불륜이다.'라는 사고를 가진 동반자는 피하는 게 좋을 듯하다.

처음 골프를 배울 때는 땡볕도, 눈 내리는 추위도 아랑곳하지 않았다. 새벽 출발에 밤늦게까지 골프화에 땀이 절어 질척거릴 때도 있었다. 휴일에 찾아봬야 하는 애경사는 모두 아내 몫이었다. '힘빼기'를 배우기 위한 노력치고는 내가 생각해도 가관이다.

티 박스에서의 천고마비가 '하늘이 높고 말이 살찐다.'는 뜻이 아님을 골퍼들은 잘 알고 있다. '천천히, 고개 들지 말고, 마음을, 비우고 공을 치라.'는 뜻이란다. 이러한 기본자세에 약간의 포인트만 추가하면 골프도 인생도 무난하지 않을까 싶다.

골프가 매너 스포츠라는 말에 동의할 수 없었다. '남의 실수나 불행이 곧 나의 행복이다.'라는 말 때문이다. 이것이 어찌 매너 스포츠란 말인가. 그런데 시간이 지나면서 관점을 달리하게 되었다. 아, 그렇구나! 결코 남의 실수나 불행이 나의 행복이 될 수 없다는 것을 깨달았다. 뒤처지는 사람에게 손을 내밀어 배려하는 도량을 배우는 것이니 매너 스포츠가 맞다.

자만하지 말자. 수시로 새기는 다짐이다. 종종 필드에서 볼이 맞지 않아 라운딩을 끝내고 돌아와 분석을 해 본다. 결국 기본을 지키지 않은 데 원인이 있음을 알고 초심으로 돌아가 개선한다. 평생 배우며 살아야하는 나의 인생길에 겸손의 미덕을 다시 한 번 생각해 본다.

라운딩하면서 흘린 땀을 씻어내고 클럽하우스를 나섰다. 입구에 한눈에 보아도 잘 자란 소나무 한 그루가 심어져 있다. '그 놈, 참 잘 생겼다.'고 생각하며 아래를 보니 버팀목이 눈에 띄었다. 장송이 마음껏 자랄 수 있는 것은 안정적으로 받쳐주는 버팀목이 있었기에 가능하다. 가족을 비롯한 주변 사람들이 내게는 귀한 버팀목이다. 좀 더 잘하고, 잘 대해야겠다.

지금껏 싱글(single, 핸디캡(handicap)이 한 자리 숫자(9 이하)인 사람을 말한다.) 한 번 못해봤지만 평소 '힘빼기'가 얼마나 중요한지 교훈으로 배웠으니 헛걸음만은 아니다. 가장 좋은 방법은 골프나 인생이나 처음부터 힘을 주지 않으면 뺄 것도 없다. 그러나 남의 경험을 내 것으로 고스란히 흡수한다는 것은 컴퓨터 프로그램에 의해 움직이는 알파고(AlphaGo)가 아니면 불가능한 일이다.

나 역시 아내한테 면박을 당하며 집 한 채(?) 날리고 배운 교훈이니, 제법 비싼 값을 치른 셈이다.

추억, 어머니의 손맛

7월의 마지막 주말이다. 저녁 모임이 있어 밖에서 식사 중인데 아내로부터 카톡이 왔다. 서울 근교에 사는 형님 내외께서 푸성귀가 많으니 늦게라도 와서 가져가라는 전갈이다. 종종 있는 일이다. 아내와 나는 나물과 채소를 좋아하여 즐겨 먹는다.

촉촉하게 비가 내린다. 끈적거리는 더위 속을 차를 달려 형님댁에 갔다. 거실에 들어서니 신선한 채소 천지이다. 오이, 애호박, 호박잎, 대파, 상추가 특유의 내음을 풍기며 우리를 반긴다. 이미 형님 내외는 고구마 줄기를 바닥에 한 무더기 쏟아놓고 껍질을 벗기고 계셨다. 딱히 형님 내외가 농사를 지으시는 것은 아니다. 이웃이 밭에 채소를 심어 나눠먹으니 동생을 생각하여 많이 얻어온 것이다. 고구마 줄기의 아래위를 살짝 꺾어 부드럽게 내리면 껍질이 벗겨진다. 줄기를 톡 꺾을 때마다 속에 든 진액을 토해낸다. 빙 둘러앉아 고구마 줄기의 껍질을 벗기며 이야기하다 보면 자연스레 어릴 적 추억이 펼쳐진다.

이른 아침에 먼저 일어나 서로 감꽃을 주우려 했다. 그 꽃을 실에 꿰어 목걸이를 만들어 걸기도 했다. 감나무에서 떨어진 땡감을 주워 우려먹기도 하였다. 먹을 것이 흔한 요즘도 감을 주워 우려먹는 사람이 있을까.

고구마는 번식력이 매우 왕성하다. 씨 고구마의 싹을 틔워 순이나 줄기의 마디를 잘라 심어도 잘 자란다. 두둑한 밭이랑에 봄비를 맞으며 서둘러 고구마 줄기를 심으시던 부모님을 도운 기억이 새롭다. 고구마는 당질을 많이 함유하고 있어 식량 대용으로도 손색이 없다. 잎과 줄기를 비롯하여 어느 것 하나 버릴 것이 없는 고마운 작물이다.

가을이 되면 고구마를 캔다. 윗방 구석에 새끼로 수수깡을 엮어 통가리를 세우고 그곳에 저장한다. 겨우살이 준비의 하나였다. 추운 겨울 군불에 고구마를 구워 호호 불며 먹었다. 속이 출출할 때마다 꺼내어 깎아먹던 숙성된 생고구마 맛도 일품이다. 찐 고구마는 시원한 동치미 국물과 함께 먹으면 더 없는 감칠맛이 난다.

오랜 시간을 앉았더니 허리가 아프고 다리는 저리다. 손끝에 묻어나는 고구마 줄기의 진액이 갈수록 짙게 밴다. 불현듯 어머니 얼굴이 떠오른다. 무더운 여름날 처마 밑에 앉아 채소를 다듬던 모습이다. 어머니의 손끝은 늘 까맣게 물이 들어 있었다. 물이 든 손끝으로, 다 닳아빠진 그 손으로 우리를 키워내셨다.

오늘처럼 비가 내리면 어머니는 밀가루 반죽을 치대어 칼국수를 만드셨다. 홍두깨로 얇게 밀어서 둘둘 말아 칼로 가늘게 썰어 멸칫국물에 넣고 끓인다. 칼국수가 익을 즈음 애호박과 부추를 섞어 데치듯 끓여낸, 구수하면서도 걸쭉한 맛을 잊을 수 없다. 혼자서 아궁이에 불 지피고 가마솥에 물 끓이며 밀가루 반죽하여 칼국수 끓여내는 일을 동시에 해내던 어머니의 살림 내공은 대단하셨다.

자정이 넘어서야 고구마 줄기 껍질 벗기는 일이 끝났다. 부드러운 속살을 드러낸 고구마 줄기와 채소를 한아름 싣고 돌아왔다. 여전히 열대야는 물러서지 않는다. 새벽인데도 땀방울이 줄줄 흐른다. 샤워하며 손끝에 검게 물든 자국을 본다. 굳이 지우고 싶지 않다. 어머니를 오래도록 느끼고 싶기 때문이다.

빗줄기가 점점 잦아든다. 아내는 아직도 주방에서 못다 한 일을 하나보다. 어머니의 손맛을 닮은, 아내가 담그는 고구마줄기 김치를 생각하니 입 안 가득 침이 고인다.

형님 내외분께 감사드린다. 그리고 먼 길 떠나신 어머님께도.

요령잡이 조씨

리어카에 사람이 실려 있다. 길게 누운 것으로 보아 요령잡이 조씨가 술을 많이 마신 모양이다. 고래고래 소리 지르는 아버지를 두 아들이 밀고 끌며 실어 오고 있다.

오늘도 조씨는 다른 마을의 초상집에서 한판 걸지게 요령잡이 일을 마치고 돌아오는 길이다. 보통 리어카는 짐을 운반하는 데 이용한다. 오고가는 길에 동네 사람의 눈에 띄어 "너희 아버지가 술에 취해 쓰러져 있다."라는 말이 전해지면 조씨의 아들은 리어카를 끌고 얼른 달려간다. 술에 취한 아버지를 옮기는 데는 이보다 좋은 기구가 없다.

조씨에게는 뛰어난 재주가 있다. 동네에 경사가 있어 사물놀이가 시작되면 꽹과리를 치며 상쇠노릇은 독차지다. 고저장단을 꽹과리 하나로 지휘하고 맞춰내니 신통방통하다. 몸을 펄쩍펄쩍 뛰어 돌리며 꽹과리를 치는 모습은 어깨를 들썩거리지 않고는 배길 수 없을 정도다. 그러나 그의 진가는 돌아가신 분을 떠나보내는 상여꾼의 요령잡이를 할 때이다.

땅이 꽁꽁 얼어붙은 한겨울의 초상집은 더욱 어수선하다. 지금처럼 통신수단이 발달하지 않은 시절, 부고를 작성하여 마을을 돌며 일일이 소식을 전한다. 마당에 짚을 깔고 여럿이 차일을 친다. 돼지를 잡고 궤연을 차려 조문객을 맞이한다. 장작도 충분히 하여 밤샘을 준비한다. 장대에 매달린 만장이 바람에 날려 춤을 춘다. 상여를 옮겨 조립한다. 눈을 부릅뜬 사천왕이 널덮개의 사방에 앉아 칼을 들고 무섭게 내려다보던 모습을 생각하면 지금도 섬뜩하다.

날이 어두워지면 저녁식사와 막걸리로 일찍 속을 채운 상여꾼이 모여든다. 다음날 출상을 대비한 예행연습이 시작된다. 마당의 너비가 작으면 요령소리에 맞춰 제자리걸음 정도지만 마당이 너르면 화톳불을 빙빙 돌며 제법 실제 같은 연습이 펼쳐진다. 연습을 마치고 마당 한쪽에 상여가 자리 잡으면 차일 속 멍석 위에서는 윷놀이가 시작되고 삼삼오오 모여 화투놀이로 밤을 새운다. 형편이 어려운 '개나두*' 엄마는 담 너머로 아이를 부른다. 모락모락 김이 나는 국밥을 한 그릇 먹이고 뒤춤에 토막고기를 남이 볼까 얼른 집어 넣어준다. 마당 한편의 화톳불이 망자의 한을 태우듯 초가지붕 높이로 시뻘건 혀를 날름거린다.

어슴푸레 날이 밝아오면 첫 손님은 말술을 가득 싣고 오는 배달꾼이다. 자전거 손잡이에 털 덮개가 씌워져 있고 솜바지를 입은 궁둥이는 해진 구멍을 여러 번 덧대어 누빈 자국이 선명하다. 허옇게 입김을 품으며 과방 옆의 큰항아리에다 술통을 비운다. 밤새 타다 남은 화톳불의 열기에 배달꾼이 손을 녹일 때 '개나두' 엄마가 서둘러 부엌으로 들어선다.

밥상머리로 상여꾼이 모여든다. 서둘러 한술 뜬 후, 삼베 두건을 쓰고 들메끈을 단단히 맨다. 한결같이 수건은 허리춤에 걸려있다. 영구를 상여 위에 모시자 요령잡이가 상여꾼에게 주목하라며 요령을 흔들었다. 요령잡이가 메기는 선소리에 맞춰 상여꾼들의 상엿소리가 구슬프게 울려 퍼졌다.

상여는 거의 움직이지 않고 마당에서 제자리걸음이다. 망자의 영혼을 위로하고 유가족들의 마음을 달래는 선소리와 상엿소리가 반복된다.

"저승길이 멀다더니 대문 앞이 저승이라."
"어~허이~ 어~허어이~ 어~어야~ 엉~허이~"

무명적삼을 입은 여인네들은 떠나는 광경을 보고자 목을 빼고 옷깃을 당겨 연신 눈물을 찍어낸다. 서서히 상여가 움직이기 시작한다.

좁은 골목길을 벗어나려면 상여꾼들의 집중이 필요하다. 요령잡이의 지시에 따라 오리걸음으로 낮추기도, 까치발로 높이기도 하여야만 처마와 나뭇가지를 겨우 피할 수 있다. 동네 어귀를 벗어나서야 상여 뒤로 늘어선 만장행렬이 제대로 형성된다.

상여가 가는 길에 다리가 나타났다. 상여꾼은 걸음을 멈추고 허리반동으로 소리만 내며 시간을 끈다.

"머나먼 저승 가는 저 영혼아 노자라도 두둑이 두둑이 가지고 가소."

"어~허이~ 어~허어이~ 어~어야~ 엉~허이~"

상여 앞에 새끼줄을 매고 돈을 꼽는다. 죽은 사람이 저승길을 편히 가라고 상주나 친지들이 노잣돈을 걸어 주어야 상여가 다시 움직인다.

인생살이가 어찌 평탄하기만 하겠는가. 망자가 가는 길에도 난관에 봉착한다. 상여의 세로보다 폭이 좁은 길에 닿았다. 그렇지 않아도 통과하기 힘든 길을 요령잡이는 아예 상여 위에 올라서서 요령을 흔들어 댄다. 마치 전쟁터에서 결전을 앞둔 병사들의 사기를 독려하는 장수의 모습 같다.

상여꾼의 발걸음이 속도를 내는가 싶더니 순식간에 좁은 길을 무사히 지나갔다. 숨을 죽이고 뒤에서 보니 상여꾼은 어깨끈이 밀리지 않도록 단단히 잡았다. 몸의 균형을 양쪽에서 밖으로 기울여 양편의 상여꾼들 몸이 V자 형태가 되도록 하여 지나는데 소용돌이 속을 힘차게 노를 저어 통과하는 배와 같았다. 아무리 숙련된 꾼이라 해도 등줄기 식은땀을 피하기 어려웠을 것이다.

나는 어려서 상여 앞의 새끼줄에 걸린 노잣돈의 사용처가 궁금했다. 요령잡이 조씨는 자신의 처자식과 일찍 떠난 형님의 자녀까지 여러 식구를 거둬야 했다. 상여꾼의 술값으로 일부를 나누고 대부분 자신의 주머니를 채워도 사정을 알기에 말하는 이가 없었다.

요령잡이 조씨에게는 나름의 철학이 있었다. 망자가 살아 온 업적과 발자취, 후손들의 됨됨이를 살펴 초상을 치르는 멋진 연출자요 지휘자였다. 타고난 목청도 좋았지만 일정한 가사 없는 소리를 지어내는 능력도 뛰어났다. 권세를 누리고 잘 사는 집의 호상이면 축제(?)의 판으로, 살림이 어렵고 어처구니없는 악상이면 슬픔의 판을 표현해 냈다.

요령잡이 조씨가 요즘 사람이면 인간문화재감이다. 안타깝게도 그는 술을 너무 가까이하여 일찍 돌아가셨다. 요령잡이 조씨의 명복을 빈다. 많은 영혼을 떠나보내며 목청을 돋워 요령잡이를 하던 그를 위하여 오늘은 내가 대신 선소리를 메긴다.

"인생이라 하는 것은 일장춘몽 한 점이네."
"어~허이~ 어~허어이~ 어~어야~ 엉~허이~."

*개나두: 아이를 낳는 대로 신령님이 하도 데려가자 "그 아이 좀 내버려 두세요."라고 외치다가 다급하여 "그 애 좀 놔둬."가 결국에는 "걔 놔둬" "걔나두"가 되었다고 전해짐.

'왕발' 아저씨의 환자 사랑

종합병원의 하루는 25시간도 짧다. 몸에 이상이 없는 한 쉽게 가지지 않는 곳이 병원이다. 병원에 온 뇌수술 환자를 의사보다 먼저 만나는 직업인이 있다. 일명 뇌수술 환자 이발사, '왕발' 아저씨다.

'왕발' 아저씨는 발이 커서 붙여진 이름이 아니다. '왕발'이란 의사의 '왕진'에서 유래된 말로 간호사가 지어준 이름이다. 의사가 진찰을 나가면 '왕진', 이발사가 출장 이발을 나가면 '왕발' 그럴듯한 말이다.

새벽 5시 30분. 아저씨의 하루가 시작된다. 우선 환자 성명과 입원 호수를 확인한다. 뇌수술을 시작하기 전에 이발을 먼저 끝내야 한다. 간단한 이발 도구를 준비하고 병동으로 '왕발'을 나간다.

병원에는 의사와 간호사 외에도 각종 세분화된 직업이 있다. 특히 종합병원은 수십여 가지의 직종이 서로 연관을 가지고 구성되어 있다. 다양한 종류의 직업이 모인, 말 그대로 '종합'병원이다. 병원이 우리의 삶과 동떨어진 곳으로 인식하는 것은 잘못된 생각이다.

뇌수술을 앞둔 나이 어린 꼬마 환자는 잠자는 동안 머리를 깎아야 한다. 능숙한 솜씨로 전동식 기계를 먼저 이용한다. 기계작업이 끝나면 잔 머리털을 제거하고자 면도를 한다. 어린 환자들은 심하게 머리를 움직여 자칫하면 다칠 수도 있다. 특히 두피가 약한 유아일수록 머리 깎기가 어렵다. 아저씨도 신생아의 물렁거리는 머리를 깎을 때가 가장 긴장되는 순간이라 한다.

남녀노소를 불문하고 뇌수술을 들어가기 전에 환자의 삭발은 특별한 의식을 치르는 뭉클함이 있다. 조용히 눈물을 흘리는가 하면 복받치는 설움을 소리 내어 엉엉 우는 환자도 있다. "두상이 참 예쁘네요." "머리를 잘라도 잘 어울릴 것 같아요." 아저씨의 따뜻한 격려는 가슴 아픈 환자와 보호자에게 큰 위안이 된다.

형제 중에 장남이라는 아저씨는 직업정신이 투철하다. 해남의 땅끝마을에 사는 아버지가 돌아가셨을 때도 상중에 서울로 올라와 임무를 마치고 밤에 다시 내려가셨다. 수술 환자 머리 깎느라 맏상제 노릇을 제대로 못했다고 한다. 오랜 세월 직업에 대하여 가지는 생각이나 태도가 남다른 분이다.

그는 머리 감기는 기술도 일품이다. 비누칠하고 손끝에 힘을 주어 박박 문지른다. 물이 튀지 않으면서 두피 마사지까지 이루어진다. 그 시원함과 상쾌함은 하루의 피로를 말끔히 풀어준다. 손님이 일시에 밀어닥칠 때는 정작 본인은 화장실 갈 시간도 없다. 하지만 아무리 바빠도 정성을 다하는 모습이다.

언제 발생할지 모르는 응급환자 때문에 병원과 가까운 거리에 사신다. 그는 오랜 기간을 크고 작은 환자를 보면서 오히려 배운 것이 많다고 한다. 생명의 존엄성은 애연가였던 그에게 담배를 끊게 하였다. 더 나아가 새로운 신앙을 얻어 한층 깊게 종교 생활을 하고 계시다.

하루해가 짧은 겨울의 어느 날 저녁이었단다. 뇌 수술해야 하는 응급환자가 있다는 연락을 받고 이발 도구를 챙겨 응급실로 뛰어갔다. 평소처럼 말끔히 머리를 깎고 돌아서다 과로에 지쳐 아저씨는 의식을 잃고 쓰러졌다. 급성 뇌출혈이었다. 깨어보니 중환자실이더란다. 일주일 넘어 의식이 돌아왔다.

응급실에서 응급환자의 머리를 깎다 본인이 응급환자가 되었다. 내 일터에서 쓰러져 환자가 된 것이 감사(?)한 일이었다고 그는 말한다. 만약 집이나 밖에서 쓰러져 응급조치가 늦어졌다면 회복될 수 있었을까? 병원에서 일했기에 천만다행으로 건진 목숨이다. 이로 인해 그의 삶이 더욱 성숙되는 계기가 되었다.

죽음의 문턱에서 빗겨난 아저씨께 행운이 터졌다. 대한민국의 위상과 나라의 품격을 높이는 데 기여한 공을 인정받게 되었다. 사회봉사 부문에서 '자랑스러운 대한 국민 대상자'로 선정되어 큰 상을 받으셨다. 환자를 위로하며 33년을 천직으로 알고 살아온 그에게 당연한 결과이다.

거의 표나지 않고, 벌이도 그저 그렇고, 고맙다는 사람도 드문 일들. 오히려 아픈 사람의 눈물을 먼저 보아야 하는 일이다. 하지만 반드시 있어야 하고, 때로는 적잖은 위험이 따르고 숙련된 기술이 필요한 직업이다. 아무도 관심 없지만 그늘에서 묵묵히 환자의 머리를 깎아 온 아저씨야말로 진정 훌륭한 직업인이다.

병원 본관 지하층에 가면 빙글빙글 돌아가는 삼색 원통이 눈에 띈다. 아저씨가 일하는 구내 이발소다. 손 면도와 추억 속의 고향 같은 분위기가 그리워지는 분은 언제든지 찾을 만하다. 오늘도 그곳에는 아저씨의 소박한 애환과 훈훈한 사랑이 넘치고 있다.

고통으로 신음하는 환자가 있는 병원은 불 꺼질 날이 없다.

최상의 진료를 통해 그들을 질병에서 구해야 한다. 치유에 뒤따라야 하는 것이 따뜻한 손길이다. 이발사, '왕발' 아저씨의 환자 사랑이 빠른 쾌유로 이어지기를 빈다.

빚

며칠째 내리는 비다. 그 비가 귀한 손님을 모시고 오려나 보다.

잊을 만하면 안부 전화를 주는 분이 있다. 그의 낯은 항상 정월 대보름이다. 인사말이 "새해 복 많이 받더래요."이거나 "복 많이 받더래요."이다. 그것도 일 년 내내 하는 인사다. 내가 초임 시절 사무실에서 처음 만나고 인사를 나눴으니 오래된 인연이다.

이 분은 나의 직장과 거래하는 회사 소속의 책임자로 워낙 성실하여 직원들로부터 평이 좋았다. 몇 년이 지나 독립했다며 대표 명함을 가지고 왔다. 실무자인 나도 그의 발전을 함께 기뻐해 주었다. 그런데 IMF사태를 전후한 어느 날 급하다며 돈을 빌려 달라 했다. 내게 큰돈이 있을 리 만무하나 있는 대로 빌려줬다. 그 후 인사이동으로 업무가 바뀌어 그를 만날 기회가 없었다.

그는 끝내 부도를 맞아 어려움이 있었다는 것을 나중에 알았다. 대출금과 밀린 세금을 갚고자 부모를 모시고 살던 집을 팔아야 했다. 오랜 기간 성실히 납세하는 그의 모습을 보고 세무공무원도 재기를 돕는 조언을 아끼지 않았다. 지금도 다른 직장에 다니며 남은 빚을 거의 갚아가는 중이란다.

휴게실에서 만난 그는 주름이 늘긴 했어도 넉살은 여전하다. 고향의 사투리로 반갑게 "잘 지냈더래요?"라고 묻는다. 차림새가 이발소에서 바로 나온 얼굴이다. 나름 단정한 모습으로 만나려고 애쓴 흔적이 갓 염색한 머리와 면도 자국에서 느껴진다. 쌓인 이야기를 나누다가 예전의 그때 기억을 더듬어 빌린 돈을 갚으러 왔단다.

나는 그에게서 차용증을 받은 적이 없다. 본인이 겪는 아픔과 어려움에 잊으면 그만인 일이다. 사업 부도로 압박과 가압류를 당하면서도 정작 상대방은 까맣게 잊은 빚을 갚으러 온 그를 생각하면 뭉클하다. 그가 이 고통 속에서 견딜 수 있었던 것은 그만이 가진 특유의 긍정적 사고일 게다.

그의 노력이 재기로 이어지기를 빈다. 다행히 캄캄한 터널에서

빛이 보인다니 마음이 놓인다. 묻어두었던 상호를 걸고 다시 꿈을 펼칠 얼굴에는 인고의 세월이 그려져 있다. 꼼수와 반칙이 아닌 성실함으로 노력한 사람에게는 반드시 기회가 오는가 보다.

그는 꾸깃꾸깃한 봉투를 던지듯 내밀며 독립문 방향으로 가는 버스 노선을 묻는다. 평소 알고 있는 노선이기에 번호를 알려줬다. 내가 사무실로 돌아와 자리에 앉자 전화벨이 울린다. 그의 젖은 목소리가 들린다. "독립문으로 가는 버스 탔습니다. 나 이제 발 뻗고 잘 수 있을 것 같아요. 정말 고마웠습니다."

맞는지 모르지만 그의 마음을 대신 읊어본다.

소박한 나의 꿈은 발 뻗고 자는 거요
헐레벌떡 오늘에야 내리는 무거운 짐
드디어 멍에 벗으니 살 것 같소 이제는

코끝이 찡하다. 벌써 두 번이나 강산이 바뀐 까마득한 일로 여태껏 그를 옥죄게 한 내가 오히려 죄책감이 든다. 그냥 좋은 사람이었는데 이 시간까지 얼마나 힘들었을까. 이미 기억에도 없는 돈을 돌려받은 내가 그에게 마음의 빚을 진다. 이 빚은 기분 좋은 빚이다. 이제는 내가 그 빚을 갚을 차례다.

내 마음을 담아 시조를 또 지어본다.

세상에 이럴 수가 돌려받고 빚지다니
힘들면 잊고 말지 그 짐을 어찌 졌소.
험난한 세상 속에도 사는 까닭 있구려.

며칠째 비가 내린다. 내게 귀한 손님을 모시고 온 비다. 충분히 살아갈 가치가 있는 세상이기에, 비 오는 하늘마저 맑기만 하다.

오동나무, 그 고운 결처럼

무학산(舞鶴山)에 석양이 진다. 한 소년이 소 꼴을 뜯기며 바라본다. '저 노을 너머에는 어떤 사람들이 살고 있을까.' '넓은 도시로 나가서 공부해야지, 가능하면 서울로 가서 생활해야지.' 라며 저녁놀에 꿈을 싣는다. 팔순 노장(老長)의 까마득한 70년 전 바람이다.

나는 한 편의 수필을 읽는데 꽤 시간이 걸린다. 읽다 보면 나도 모르게 내용에 동화되어 상상의 나래를 펴게 된다. 실컷 마음속 비행을 하면서 다시 읽으면 어느새 더 깊이 빠져든다. 글쓴이의 심정을 내 가슴에 얹어 같이 녹아내리는 맛, 온종일이면 어떠랴 싶다.

구름 한 점 없이 상쾌한 주말 오후다. 가족과 함께 성산대교

건너 서해안고속도로를 타고 목감 IC로 나왔다. 가족에겐 그저 즐거운 나들이지만 내게는 다른 생각이 있다. 식물을 키우며 글을 쓰는 J선생님께서 즐기는 자연 숨결을 조금이라도 느끼고 싶어 세 번째 찾는 길이다.

물살 하나 없는 호수가 한눈에 들어온다. 길고 넓어 마치 두꺼운 붓으로 휘어 갈긴 곡선처럼 운치 있는 호수다. 경기도 시흥에 있는 물왕저수지(物旺貯水池)다. 이곳은 시흥시 최대의 담수호이자 대표적인 휴식처이다. 호숫가의 작은 불빛 아래 앉아 낚시를 즐기는 사람이 이렇게 많은 줄 미처 몰랐다.

선생님은 암울한 일제강점기에 태어나셨다. 고향은 영천시와 경주시의 경계에 병풍처럼 둘러싸인 산자락 밑의 한적한 농촌이다. 그곳에는 항시 맑은 물이 솟아나는 샘이 있다. 무려 40여 년 간을 눈이 오나 비가 오나 새벽 첫닭이 울면 자식을 위한 치성을 드리러 선생님의 어머니가 찾았던 곳이다.

6·25전쟁은 선생님께 서울 유학의 길을 터주었다. J선생님은 고향의 영천중학교를 졸업하고, 부산으로 피난 와 있던 국립체신고등학교에 입학하였다. 학비와 숙식비가 지원되고 공무원 채용의 특전이 보장되어 있어 경쟁이 치열했다. 1953년 7월 휴전협정으로 총성이 멎자, 학교는 그해 가을 수복된 서울로 환도하였다.

J선생님은 공무원, 군 복무, 대학과정을 마치고 대한무역투자진흥공사(KOTRA)에 입사하였다. 일본, 미국, 브라질, 세네갈까지 30여 년을 해외 수출시장 개척에 밤낮이 없었다. 당시 국내에서도 '잘 살아 보자.'는 기치 아래 모든 근로자가 열심히 일을 하였다. 그러나 선생님은 장남으로 태어나 부모님을 곁에서 모시지 못한 것을 돌이킬 수 없는 인생의 한으로 가지고 있다.

슬하에 1남 2녀의 자식을 두셨는데 아들은 미국에, 두 딸은 일본에 거주한다. 가끔 사모님과 함께 방문하여 손녀의 재롱을 보며 삶의 소소한 즐거움을 선물로 받으신다. 사모님은 오랜 기간 낯선 외국에서 무역관장을 하는 선생님을 도와 찾아오는 손님을 맞으며 조용히 뒷바라지를 하셨다.

선생님은 만원인 전철 안에서 바닥에 신문지를 깔고 앉아, 지나는 등산객이 옷자락을 밟아도 불평하지 않으신다. 소탈하게 내 것, 네 것 가리지 않고 나눠 먹는 정겨움도 즐기신다. 무뚝뚝한 노신사지만 때로는 일상의 삶도 가벼운 마음으로 살아갔으면 하고 바라는 분이다.

시흥의 물왕저수지 둑 아래 1,200평 밭에 푸른 나무가 가득하다. 팔순이신 선생님이 직접 손질하여 키우는 자식 같은 나무이다. 그래선지 선생님의 대표작에는 칡, 등나무, 매화, 담쟁이, 느티나무, 주목, 오동나무, 참나무, 소나무, 갈대밭 등 식물을 주제로 많은 글을 쓰신다.

"물 한 방울 나오지 않는 메마른 수직의 벽에 뿌리내려 오르는 담쟁이를 본다. 줄기 마디마디에 곁가지를 내어 풍성한 잎들로 너울거리는 담쟁이다. 기어코 오르고 마는 덩굴에 장하다는 생각을 한다." 식물을 키우고 바라보며 선생님은 글 쓰는 일에도 정상을 향한 발걸음에 자신을 채찍질하신다. 이미 중견 작가로 여러 권의 수필집을 출간하고도 겸허하시다.

무학산(舞鶴山)에 해가 뜬다. 70년 전, 한 소년이 꿈을 키우며 바라보던 눈부신 태양이다. 물안개 사이로 흐르는 아침 햇살이다. 선생님이 맞는 아침이다. 자연과 함께 거짓 없는 흙 속에서, 나무 키우는 일과 글쓰기에 지문이 다 닳는 줄도 모르고 계신다.

오동나무는 쓸모가 많다. 하나도 버릴 것 없는 나무다. 식물을 사랑하는 선생님은 유용한 오동나무를 닮으셨다. 그날그날의 삶에 돌 하나씩을 쌓는 마음으로 살아가신다. 노년의 하루하루를 잔잔한 강의 물결처럼, 높은 하늘의 흰 구름처럼, 그 고운 오동나무 결처럼 사신다.

선생님의 수필에서 감동받은 글을 적어본다.

> 줄기·잎·열매가 다 제 몫을 한다. 제 할 일 다 하면서 겸손하고 수수한 나무가 참나무다. 일상의 삶에서 닮고 싶다.
>
> -「참나무」 중에서

꽃도 사람도 피어있는 앞모습보다 지는 뒷모습이 아름다워야 한다. 앞모습 다듬기에 급급한 내게 뒷모습을 생각하게 한다.

-「아름다운 뒷모습」 중에서

고속 시대에 빠른 열차도 있어야 하겠지만, 마을과 마을을 이으며, 산자락을 휘돌며, 느릿느릿 달리는 완행열차도 있었으면 좋겠다.

-「그리운 완행열차」 중에서

상품의 무대가 백화점이라면 문인의 무대는 서점이다. 안타깝게도 이곳 서가에 꼽히지 못한 나의 책이다.

-「한국산」 중에서

숭늉을 그리는 마음은 어머니를 그리는 마음이다. 그 숭늉의 맛은 잊히지 않는다.

-「숭늉」 중에서

소나무는 오래 살지만 제 모습을 바꾸지 않는다. 오직 초록으로 산다. 내린 뿌리를 한 치도 옮기지 않는다.

-「소나무」 중에서

나는 두 딸을 두고도 오동나무 한 그루를 심지 못했다. 딸의 나무는 되지 못하더라도 '딸의 딸들'의 몫이 되는 두어 그루의 오동나무를 심어야겠다.

-「오동나무, 그 결처럼」 중에서

쌀 한 톨에 대한 소고

집에 쌀부대가 도착했다. 하늘나라로 떠나신 부모님 덕을 본다. 농부의 아들로 태어난 것이 감사하다. 도시에 살며 해마다 소작(小作)을 줘 가을이면 농사지은 쌀을 받는다. 정미소에서 알알이 부딪히며 막 껍질을 벗고 온 쌀이다. 한 움큼을 손바닥에 얹고 바라보니 새삼 농부의 땀방울이 눈에 선하다.

농촌은 모내기할 때도 그렇지만 벼 타작을 하는 날은 아침 일찍부터 준비를 서둘러야 한다. 동네 사람끼리 힘든 일을 서로 거들어 주는 품앗이가 있다. 벼 타작하는 순서가 사전에 정해져 알고 있을 텐데도 아버지는 나를 일찍 깨워 일꾼들의 식사 독촉을 하러 마을을 돌게 했다.

아침 이슬이 채 마르기 전이다. 논두렁 따라 낟가리가 묶여 일렬로 늘어진 볏단을 장정들은 지게로 져 나른다. 두세 번 왕복하면 벌써 숨이 턱에 찬다. 둔덕에 지게를 내리고 밀삐(지게에 매여 있는 끈)를 늦춰 잠시 어깨를 편다. 황소가 씩씩거리며 높이 쌓인 볏단을 싣고 보란 듯이 달구지를 끌고 간다. 사람의 몇 곱절을 운반하는 소 한 마리의 위력을 실감하는 순간이다.

아낙네들은 머리에 수건을 둘렀다. 타작마당에 홀태로 둥글게 자리를 잡고 벼를 훑는다. 그 이전에 도리깻열로 곡식을 두드려 낟알을 떨던 때에 비하면 그나마 나아진 상태다. 점점 나락 더미가 수북이 쌓여간다. 한쪽에서는 대쪽을 부챗살 모양으로 엮어 만든 갈퀴로 검불을 걷어낸다. 삼태기에 나락을 담아 풍구에 날려서 쭉정이를 가려낸다. 홀태 이후에는 탈곡기가 나왔다. 경운기에 피댓줄을 감아 회전시킨다. 볏단을 단단히 감아쥐고 탈곡기에 넣어 이리저리 돌려 낟알을 떨어냈다. 경운기 소리와 탈곡기에서 뿜어대는 먼지가 엉켜 마당에 가득하다. 홀태를 이용한 벼 타작보다 처리 속도가 훨씬 빠르다.

탈곡과 동시에 장독대 옆에 짚가리를 쌓는다. 이것도 요령이 있어 짚단을 나란히 하여 볏짚을 서로 얽어매어 한 덩이의 짚동으로 묶어주어야 한다. 집채만큼 쌓은 뒤에는 두껍게 이엉을 얹어 갈무리한다. 그러면 눈비가 와도 물기가 스미지 않아 습기가 차지 않는다. 그 짚가리는 한쪽부터 헐어 겨우내 부엌에서 음식을 하거나 군불을 지피는 데 쓰인다.

농토가 없는 사람은 수확량의 절반을 땅주인과 나누는 배메기를 했다. 실컷 농사지어 반타작을 하는 셈이니 소작인의 설움이 오죽하겠는가. 배메기를 하는 소작인은 실질적인 생계를 이어가려면 남들보다 두 배의 면적을 경작해야 한다. 그것도 수확량을 매길 때 주인과의 다툼이 없어야 그나마도 다음 해에 소작이 가능했다.

일렁이는 황금물결 들판에 붕붕거리며 콤바인(Combine)이 달린다. 앞에서는 스륵스륵 벼가 베어진다. 탈곡된 낟알이 모아져 마대에 담긴다. 뒤에서는 볏짚이 차곡차곡 쌓인다. 이제는 홀태도 갈퀴도 풍구도 땀에 젖은 지게도 다 사라졌다. 힘든 일을 서로 거들던 품앗이도 없어졌다. 요즘은 식구끼리도 타작이 거뜬하다.

논에도 중국집에서 자장면이 배달되어 온다. 군만두는 덤이다. 편리한 세상이 되었다. 풍족하게 먹지 못하던 시절이었기 때문일까? 짚단과 나락 더미를 넘나들며 먹던 가마솥 쇳내 나는 찐 고구마와 물김치 맛을 잊지 못한다. 배달 음식이 아무리 맛있고 편리해도 그 맛만은 못하다.

'벼는 농부의 발소리를 듣고 자란다.'는 말이 있다. 벼가 쌀이 되어 식탁에 오르려면 그만큼 농부의 노력과 고생이 필요하다는 뜻일 것이다. 기계화된 농촌으로 눈부신 발전을 했다. 세상이

변해도 자연의 순리는 변하지 않는다. 볍씨를 싹 틔워 길러낸 모를 논에 심어 수확하여 잘 말려 껍질을 깎아내는 과정을 거친 후에야 얻어지는 쌀이다.

이 쌀이 내게 오기까지 얼마나 많은 수고의 손길이 닿았을까. 한눈에 반할만큼 자르르 윤기가 난다. 손바닥의 쌀을 문질러본다. 부드러운 감촉이다. 부모님의 살결이다. 이제는 아내가 흘린 쌀을 한 톨 한 톨 줍더라도 말리지 않으리라. 귀한 땀방울로 여문 쌀이니까.

앞으로는 어느 곳에서 식사를 하든 항상 입안에서만 맴돌던 말을 큰소리로 외치겠다.

"잘 먹겠습니다. 감사히 먹겠습니다!"

팥떡 할머니

주인집 할머니는 외아들 부부와 손녀, 손자가 함께 살고 있었다. 건넛방에 신혼부부인 우리가 이사 와 좋아하셨다. 할머니는 옳지 않은 동네 일에 대해 불호령으로 다잡았다. 하지만 단칸셋방 사는 우리에게는 너그럽게 대해 주셨다.

음력 초하루마다 할머니는 화계사(華溪寺)에 가서 불공드렸다. 돌아오는 길에 매번 떡을 가져다줬다. 유독 팥떡을 좋아하지 않았던 우리는 할머니의 정성을 소홀히 할 수 없어 표 안 나게 처리하느라 곤혹스러웠다.

젊을 때 할머니는 어린 아들 하나를 두고 남편을 여의었는데 홀로 온갖 고생을 하며 살았다. 인천항 부두에서 여자의 몸으로 가대기(창고나 부두 따위에서, 인부들이 쌀가마니 따위의 무거운 짐을 갈고리로 찍어 당겨서 어깨에 메고 나르는 일) 치는 일을 했다. 오직 아들 하나 잘 키워보겠다는 일념으로 억척스레 버티며 살아왔다.

그 어머니의 소원에 답하듯, 외아들은 S대학을 졸업하고 D신문사 기자가 되었다. 사건 때마다 밤낮을 가리지 않고 출퇴근하는 아들을 보고 남들은 부러워하는 직업을 마음에 들지 않아 했다. 아들은 어머니의 뜻을 받들어 J은행으로 직장을 옮겼다. 홀어머니에 대해 어떤 일로도 거역이 없다. 다만, 어머니와 아내 사이에서 종종 버거움을 그의 처진 어깨에서 엿볼 수 있었다. 그는 나와 띠동갑 차이의 형님이다.

이사 후 얼마 지나 나의 아내는 첫 아들을 낳았다. 병원에서 출산을 하고 며칠 후 아기를 강보에 싸안고 집으로 돌아왔다. 대문 앞에 이르니 할머니가 서성이며 기다리고 있다. 손에는 둥그런 바가지를 들고 계셨다. 대문 안쪽에 바가지를 엎어 놓더니 들어오면서 밟아 깨뜨리라 한다. 아기가 놀라지 않도록 귀를 감싸고 힘껏 밟았다. 온갖 부정한 것을 없애려는 할머니의 주술적 소망에서 나온 통과의례였다.

낯가림이 심했던 아이는 어떻게든 친해보려는 할머니의 심정을 모르고 상당 기간 외면하여 할머니를 섭섭하게 했다. 담 너머 보이지 않는 골목길에 목마 할아버지가 나타나는 낌새를 아이는 신기하게 알아냈다. 그때마다 할머니는 목마 타기와 과자 사주기를 여러 번 하고 나서야 아이를 품에 안을 수 있었다.

아이가 세 살 무렵이었다. 몹시 당황한 아내가 떨리는 목소리로 전화를 걸어왔다. 서너 시간째 아이가 보이지 않는다는 것이다. 서둘러 집에 와보니 아내와 할머니는 사색이 되어 온 동네를 헤매고 있었다. 세발자전거를 타고 친구랑 나갔다 하여 놀이터와 골목길 등 구석구석을 뒤졌으나 허탕이었다. 날이 저물자 불안한 생각에 속이 타들어갔다. 급해진 할머니는 동네의 연락망을 모두 가동했다. 불호령으로 사람을 동원하여 아이를 찾게 하였으나 헛수고였다. 밤 10시쯤 되어 파출소에서 전화가 왔다. 아내와 함께 헐레벌떡 뛰어갔다. 취객끼리 난장판인 파출소 나무의자 구석에 두 아이가 공포에 질려 웅크리고 앉아 있었다. 튕기듯 달려와 품에 안긴 아이를 안고 돌아온 아내는 할머니의 위로로 겨우 안정을 찾았다.

일찍부터 힘든 일을 한 할머니는 척추협착증을 앓고 있었다. 남편을 잃어 고생을 각오하고 홀로 사신 삶이지만 험한 작업장에서 모멸과 박대를 견뎌 내신 것은 오로지 아들 하나 때문이었을 것이다. 허리를 제대로 펴지 못하고 조금 걷다가 주저앉아 한참 쉬어야만 다시 걸을 수 있었다.

어느 날, 주인집 형님이 나를 조용히 불렀다. 연거푸 소주 서너 잔을 마른입에 털어 넘기는 것으로 보아 힘든 말을 꺼내려는가 보다. 짐작했는데 역시나 "런던지점으로 발령이 나서 떠나니 3년 동안 우리 어머니를 잘 부탁한다."라며 눈을 마주치지 못한다. 유일한 혈육인 아들과 며느리, 손녀 손자가 떠난 외로움 때문인지 할머니의 지병은 더욱 악화됐다. 결국 내가 보호자가 되어 수술을 받았다.

상체에 딱딱한 척추보조기를 장착하고 목발에 의지하여 받는 재활치료는 견디기 힘든 일이다. 나와 아내는 정성을 다해 병간호했다. 하지만 아들과 며느리에 비유할 바가 되겠는가.

3년의 세월이 흘러 형님 가족은 외국생활을 마치고 귀국했다. 돌아와 1년 정도 있다가 다시 뉴욕지점에 가서 3년을 더 근무하고 왔다. 할머니와 한 가족처럼 정이 들었을 즈음, 형님 가족은 완전히 돌아와 어머니를 모시고 살았다. 마침 우리도 아파트를 분양받아 오랜 셋방살이를 벗었다. 할머니는 섭섭함을 달래지 못하여 불편한 몸을 이끌고 우리 집을 자주 찾았다.

할머니는 신경이 서서히 마비되어 방광의 소변을 반복하여 빼내느라 고생하다 돌아가셨다. 지금도 형님과는 여러 가지 정보를 메일로 나눈다. 직원 대상의 교육자료를 만들면서 익살스러운 소재는 거의 여기서 인용한다.

우리가 피를 나눈 형제는 아니지만 30여 년을 돈독히 지내며 가끔 소주 한 잔을 나눈다. 형님이 외국에서 이러저러지 못할 때 편찮으신 어머니를 돌봐준 데 대해 고맙다며 나의 두 손을 꼭 잡는다. 할머니의 손녀와 손자는 훌륭하게 성장했다. 특히 손녀는 뉴욕의 UN본부에서 주요 인물로 일하고 있다.

그 할머니는 올곧음과 억척으로 아들을 키워 내셨고, 아들 또한 자녀를 훌륭하게 키웠다. 그 아들의 머리에 하얗게 서리가 앉았다. 하늘나라에서 할머니가 보고 계실 것이다. 돌아보니 할머니는 우리도 자식처럼 함께 키워주셨다. '낯선 서울 생활을 안착할 수 있도록 도와주셔서 고맙습니다. 할머니!'

지금도 팥떡을 보면 우리 집 어린 것을 친손주처럼 보듬어주던, 그 할머니가 그립다.

3.

꽃씨야 꽃씨야

이 세상에는 순결하고 선량한 사람이 많다. 아픈 아이와 과정을 함께하며 사랑을 나누는 봉사자가 그들이다. '꿈틀꽃씨' 쉼터에는 동화이야기, 네일아트, 클래식 음악, 생일파티, 영화 상영, 소원 그리기, 음악 및 무용치료가 진행된다. 지친 보호자를 대상으로 천연화장품 만들기와 요가 수업도 병행한다.

선소리

밝은 가을볕이 너무 좋다. 귀에 이어폰을 꽂고 녹음한 선소리를 들으며 출퇴근한 지가 한 달쯤 된다.

한 달 전쯤 가을 문학탐방 계획을 안내받았다. 문우 선배님께서 수필 낭독회가 있으니 준비해보라 권하셨다. 얼마 전에 쓴 「요령잡이 조씨」라는 글이 떠올랐다. 망자의 영혼을 위로하고 유가족들의 마음을 달래는 선소리에 맞춰 상여꾼들의 상엿소리가 구슬프게 울려 퍼지는 글이다. 수필을 낭독만 하기보다는 음정을 넣어 목청껏 소리 내어 불러보는 것도 좋겠다는 생각이 들었다.

장례 치를 때 선소리꾼이 메기는 상엿소리는 지역마다 특색이 있다. 음정을 나타낸 악보는 없다. 소리를 반복하여 듣고 내가 잘 표현할 수 있는 음을 찾아 편곡했다. 정해진 기준이 없으니 마음껏 응용해도 되는 자유가 있다. 어차피 타고난 목청으로 일정한 가사 없는 소리를 지어내는 순발력이 있어야 요령잡이를 할 수 있다.

네 소절의 선소리 가사를 숨의 길이에 맞춰 나눠 부르며 녹음했다. 한 소절로 끝내기에는 숨이 차고 듣는 이도 부담이다. 두 소절로 나누니 가능은 하지만 듣는 이에게 감동이 없다. 세 소절로 나누니 가장 적당했다. 세 소절로 나눈 것을 구슬프게 불러 녹음을 마쳤다.

이제는 반복하여 듣고 익히는 일만 남았다. 오가는 출퇴근길에 들으며 읊조렸다. 집에서는 안방 문을 잠그고 소리 내어 따라 불렀다. 시도 때도 없이 들려오는 상엿소리에 아내의 인내심도 한계에 이르렀다. 결국 안방과 화장실 사이의 드레스룸이 연습실이 되었다. 한구석에 밀려나 부르는 상엿소리는 갈수록 슬프게 들렸다. 이렇게 만반의 준비를 마쳤다.

오롯이 나만을 위한 일에 휴가 내어 행사에 참석하기는 드문 일이다. 탐방객을 태운 버스가 지나는 길엔 가을이 익어가고 있었다. 사과나무는 붉은 열매를 주렁주렁 달고 있다. 행사에 참석한 한 분 한 분의 표정이 탐스러운 사과였다. 반짝반짝 빛나는 별이기도 했다. 모두가 대상 자격을 갖춘 분이다.

수필 낭독은 한 편의 수필을 완전히 이해하여 내 가슴속에 푹 담갔다가 젖은 감동을 목소리를 통해 풀어내어 듣는 이에게 그 감동을 다시 전해야 한다. 내게 문학 탐방은 지금껏 수필집에서 글로만 만나던 분들을 실제 대면하는 영광스러운 자리였다. '나이는 숫자에 불과한 것이다.'를 증명이라도 하듯이 회원들의 열정이 대단했다. 마치 '세상은 이렇게 멋지게 사는 거야.'를 직접 가르쳐 주는 선행 모습이기도 했다.

드디어 수필 낭독회가 시작되었다. 7명의 낭독자 중 나는 마지막 순서였다. 낭독자들은 고저장단과 강약을 조절하며 꾀꼬리 같은 음성으로 작품을 표현해낸다. 나도 상여 나가는 풍경을 그려내다가 선소리와 상엿소리를 목청껏 뽑어냈다.

"저승길이 멀다더니 대문 앞이 저승이라."
"어~허이~ 어~허어이~ 어~어야~ 엉~허이~"
"인생이라 하는 것은 일장춘몽 한 점이네."
"어~허이~ 어~허어이~ 어~어야~ 엉~허이~"

어떤 분은 상엿소리를 함께 따라 부른다. 뜨거운 호응에 힘입어 대상의 영광을 안았다. 내게 수상의 기회를 주신 것은 미처 익지 않은 풋사과이기 때문이리라.

행사를 마치고 돌아오는 버스 안에서 내가 받은 대상의 상금 얘기가 나왔다. 좋은 곳에 사용한다 말했더니 수원에 사시는 H, L, Y선생님이 받은 상금을 기꺼이 보탰다. 이 모습을 지켜보던 M선생님도 격려금을 내시고 나중에 L선생님까지 동참하신다. 금액의 크고 작음을 떠나 따뜻한 감동의 물결이다. 우리 모두의 마음이 부자 되는 순간이다.

내 일터에는 어린이병원이 있다. 희귀난치질환으로 짧은 생을 살다가는 소아환자에게는 어려움이 많다. 그들이 떠나는 날까지 돕는 '꿈틀꽃씨' 쉼터가 있다. 작은 후원이 모아져 큰 기쁨과 보람으로 이어지는 것을 본다. 어떻게든 한 푼이라도 모아지면 나눔을 실천하는 데 쓰고자 한다.

창작수필문인회의 가을 문학탐방은 성대하게 끝났다. 행사 내내 작은 불편도 없도록 세심한 관심을 기울여 주신 선생님들께, 그리고 임원들께 박수를 보낸다.

대상을 받아 기쁘다. 그러나 이 영광은 나의 것이 아니다. 슬픔을 예술로 승화하고 돌아가신 요령잡이 조씨, 반복하여 듣고 익히느라 시도 때도 없이 불러대는 상엿소리를 참아준 아내, 대회장에서 함께 따라 부르며 뜨거운 박수로 호응해 주신 회원, 바로 그분들 것이다. 감사드린다.

가을비 젖은 마로니에공원 가로등이 차갑다. 빙그르르 원을 그리며 나뭇잎이 어깨에 앉는다. 퇴근길, 귀에 이어폰을 꽂고 익숙해진 선소리와 상엿소리를 다시 듣는다.

수필에 가야금 산조를 싣다

이따금 국악당(國樂堂)을 찾는다. 12줄을 뜯는 가야금 산조(伽倻琴散調)를 감상하다 보면 맑은 선율 때문인지 한 편의 수필을 읽는 착각이 든다. 느린 듯 빨라지는 섬세한 가락은 수필의 클라이맥스(Climax)에 다다르는 느낌이다. 가끔 독주곡(獨奏曲)의 맛과 멋에 취하고 싶다.

연주 시간이 상당히 소요되는 가야금 산조의 기본적인 틀은 진양조, 중모리장단, 자진모리의 세 악장이다. 가야금 산조에 따라 중중모리장단・엇모리・굿거리・휘모리 등이 기본 악장 사이에 또는 끝에 첨가되기도 한다. 대체로 느린 곡으로 시작하여 점점 빠른 곡으로 진행된다.

세 악장을 나눠보면, 진양조는 가장 느린 음악이다. 조선시대

궁중에서 조참(朝參) 날 임금이 납실 때 아뢰던 북 치고 피리 부는 고취악(鼓吹樂)이다. 중모리장단은 진양조와 중중모리장단의 중간 박자이다. 귀에 익은 강강술래, 진도 아리랑, 농부가가 이에 속한다. 자진모리는 휘모리보다 느리고 중중모리장단보다 빠른데 섬세하며 명랑하고 차분하며 상쾌하다.

각 악장 사이에 휴식이 없다는 점이 여러 유파(流派)의 가야금 산조 공통점이다. 악장마다 특유한 가락과 장단에 맞춰 연주하는 가야금 산조는 현재 가장 많은 사랑을 받는 대표적인 기악 독주곡이다. 연주가는 이 모든 음악적 표현과 기교를 장구 반주의 장단에 맞춘다.

국악은 가야금에 장구 반주가 어우러져야 제맛이 난다. 타악기인 장구는 기다란 오동나무로 만든다. 통은 여인의 허리처럼 가늘고 잘록하다. 한쪽에는 말가죽을 매어 오른쪽 마구리에 대고, 또 한쪽에는 쇠가죽을 매어 왼쪽 마구리에 대어 붉은 줄로 얽어 팽팽하게 켕겨 놓았다.

장구의 왼쪽은 손이나 대나무 뿌리 막대기에 박달나무를 동그랗게 깎아 끼워 만든 궁굴 채로 친다. 오른쪽은 끈이나 줄이 달린 쪼갠 대나무를 가늘게 깎아 만든 열 채로 친다. 이때, 그 음색이 각기 다르다. 장구는 고려시대에 중국에서 들어와 우리 가락에 맞게 개발하여 지금은 우리의 대표적 악기이며 반주에 널리 쓰인다.

가야금 산조의 선율은 장단 못지않게 변화무쌍(變化無雙)하여 가락 구성이 매혹적(魅惑的)이다. 악기를 연주할 때 왼손으로 줄을 짚고 흔들어서 꾸밈을 내는 농현(弄絃) 가락은 감성을 파고든다. 반음(半音)보다 더 작은 미분음(微分音)으로 이뤄지는 가락의 특성은 산조의 예술성을 높여주는 기본 요소다.

마치 가수가 음을 꺾을 때마다 어깨를 흔들거나 허리를 비틀어 애절하게 뽑어내듯이 감흥을 자아내는 매력의 근원이기도 하다. 이런 가락의 다양성과 오묘함은 질서 정연한 악조(樂調)에 의해 이뤄진다. 즉 맑고 씩씩한 우조(羽調), 낮은 음인 평조(平調), 슬프고 애타는 느낌을 주는 계면조(界面調), 박절(拍節)이 엄정하고 손목을 쓰는 경조(京調)에 의한 것이다.

뜯고 퉁기면 각자 다른 음을 내는 것이 12줄 가야금이다. 여기에는 눌러서 내는 소리와 풀면서 내는 소리가 있다. 손끝에 힘을 주고 눌러서 내는 소리를 조이는 소리라 생각하고, 다시 누른 상태에서 서서히 올라오는 것을 풀림이라 생각하고 들으면 감칠맛이 난다.

산조 중에 가장 오래된 것이 가야금 산조다. 서민들의 삶을 그린 음악으로 장구 반주자의 "좋지" 하는 추임새와 장단의 조화는 산조의 깊은 맛을 더한다. 수필을 낭독할 때 감정에 맞춰

"좋아" 하고 넣어주는 교수님의 추임새도 이와 같다. 소리 내어 읽는 글 사이의 낭랑(朗朗)하고 정감(情感)있는 그 추임새는 창작 수필만의 예술(藝術)이다.

자연음향(自然音響)으로 청명(淸明)한 음색을 감상하다 보니 문득 수필이 가야금 산조를 닮았다. 발 한 번 떼는 데 가락이 맞고 어깨 한 번 치키는 데 장단이 맞는 음악, 아니 딱 한 편이라도 그런 수필을 남겨 거기에 가야금 산조를 태우고 싶다.

국악당을 나서 차 한 잔을 마시며, 그 가락을 음미(吟味)한다. 줄을 뜯고 퉁기면 나는 그 맑고 우아한 소리가 차향처럼 잔잔한 여음(餘音)으로 남는다. 꽤 어렵더라도 언젠가는 수필에 가야금 산조를 실어보겠다는 꿈을 꾼다.

음3 · 선5 · 경10

어느새 하늘이 높다. 유난히 무더웠던 여름도 물러났다. 맑고 깨끗하여 그 빛깔조차 영롱한 물을 '명경지수(明鏡止水)'라 한다. 깊은 산속 돌 틈을 솟아 나온 투명한 가을 물이다. 자연이 그러하니 사람의 마음 또한 그렇게 닮아지기를 바라본다.

'부정청탁 및 금품 등 수수의 금지에 관한 법률' 시행이 코앞으로 다가왔다. 일선에서 수사를 하고 법 위반 여부를 최종 판단하는 경찰, 검찰, 법원은 전례 없던 새로운 법 시행을 앞두고 준비 작업을 서두르고 있다. 처음 시행되는 법이므로 사건 처리 절차와 방식에 대해 초기에는 혼란이 예상된다.

일명 '김영란법'은 공공기관에 대한 국민 신뢰를 확보하고자 함이다. 또한 청렴수준을 높여 국가 경쟁력을 향상시키는 데 있다. 결국에는 공정, 투명, 청렴한 대한민국을 만들려는 것이다.

시중에 벌써부터 영향을 받은 것은 '선물'이다. 대부분의 기업은 어떻게 할지에 대해 스스로 대비책 마련에 나서는 모양이다. 비용을 줄이는 대신 정성을 담은 선물을 보내려는 모습도 눈에 띈다. 주는 사람이나 받는 사람 모두 고가의 선물을 멀리하는 풍토가 조금씩 자리 잡고 있는 셈이다. 글로벌 시장에서 치열하게 경쟁하는 대기업은 애로가 많다. 경쟁 업체마다 다 하는 행사를 우리만 하지 않으면 신제품 홍보나 마케팅에 차질이 생긴다는 생각 때문이다. 법의 취지가 족쇄를 채우려는 것이 아니기에 과태료 부과와 재판에 충분한 연구 검토가 요구된다.

법 위반에 따른 수사 대상은 증거가 확보된 사안에 해당한다. 신고자 본인 실명과 신고 이유를 적은 서면에 서명한 뒤 증거와 함께 제출할 경우만 접수한다. 신고가 들어와도 음식점, 결혼식장, 장례식장에 현장 출동하는 일은 원칙적으로 금지되어 있다. 포상금을 노리는 '란 파라치'에 휘둘려 무분별한 수사로 불편을 주지 않겠다는 의미다.

보통 일반 사건은 행정청에서 과태료를 부과하고 이의 제기했을 때만 법원에서 다룬다. 하지만 '김영란법'에 의한 과태료 사건은 모두 법원에 통보하도록 돼 있다. 행정청은 비위사실 조사만 맡는다. 사건을 통보받은 법원은 재판을 통해 실제 잘못이 있는지, 있다면 얼마의 과태료를 부과해야 할지를 정해야 한다.

이 법의 적용 대상자는 공직자와 사립학교 교원, 언론인 등이다. 이 밖에 이들의 배우자와 부정청탁을 하거나 금품 등을 제공한 일반인도 포함된다. 일각에선 사실상 대부분의 국민이 '김영란법'의 영향을 받게 될 것이라 한다.

'김영란법'에서 허용하는 것은 공익적 목적이 있는 청탁뿐이다. 공익이 아니면 사소한 청탁도 처벌받는다. 한 예로 외국인 노동자 A는 국립대 병원의 유명 의사에게 진료를 받으려고 문의했다가 '대기자가 많아 몇 주를 기다려야 한다'는 답변을 들었다. 이에 A는 사회단체 기관 직원 B씨를 찾아가 '날짜를 조정해 줄 수 없겠느냐'고 하소연했다. 이를 딱하게 여긴 B씨는 평소 알고 지내던 병원 관계자에게 부탁해 진료일자를 조정해 줬다.

이 법에 따르면 국립대도 공공기관에 해당되어 진료 순서를 앞당겨 달라고 해도 청탁에 해당된다. 사회단체 직원 B씨가 자신의 이익과 무관하게 어려운 상황에 처한 외국인을 도우려는 순수한 마음이었다고 해도 엄연히 위법이다. A는 1000만 원 이하의 과태료 부과 대상이 되고, 사회단체 직원 B씨에게는 2000만 원 이하 과태료가 부과된다. 병원 관계자도 2000만 원 이하 과태료나 형사 처분을 받을 수 있다.

다른 때와 다르게 원내 방송이 계속 반복된다. 직원들에게 월례회의 참석을 독려하는 방송이다. '김영란법'에 대해 국민권익위원회의 관계자를 초청하여 특별강연을 실시하였다.

부정청탁에 대응하는 방법도 소개되었다. 처음 부정청탁을 받으면 거절 의사를 명확히 하라. 그래도 부정청탁을 받는다면 상·하급자의 핑계를 대거나 바쁜 업무를 이유로 접촉을 피하라. 부득이 만나게 될 경우엔 공개된 장소를 활용하라고 알려줬다.

직무와 관련하여 3만 원을 초과하는 음식(음3), 5만 원이 넘는 선물(선5), 10만 원을 초과하는 경조사비(경10)를 받으면 처벌받는다. 주의할 점은 1만 원짜리 설렁탕이라도 직무 관련성과 대가성이 있으면 뇌물죄로 처벌될 수 있다.

태·정·태·세·문·단·세…. 역사 공부를 하며 외운 조선 왕조의 계보다. 현대 생활을 무난히 하려면 새로운 계보를 외워야 한다. 법에 저촉되지 않는 상한액 음3·선5·경10을 되뇐다.

추석이 지나 제법 시원한 바람은 마음을 맑게 한다. 떨어지는 잎사귀 하나에 가을이 왔음을 느낀다. 작은 조짐으로 닥칠 무엇인가를 미리 알아보는 지혜를 배운다. 옷깃을 조용히 여미고 내 마음과 영혼을 여물도록 하는 시간이다. 가을 물을 닮고 싶다.

김치와 시래기에 담겨온 정

그저 좋다. 부모님처럼 언제든 받아주고 챙겨주시니. 누구인들 형님의 은혜와 혈육의 정을 달리 느끼랴.

주말 저녁에 전화벨이 울려 받아보니 조카의 음성이다. “아저씨! 시골에 다녀오는 길인데 엄마가 싸준 물건을 전하고 가려고요.” 아내와 함께 내려가니 아파트 입구에 조카 부부가 와 있었다. 마침 저녁시간이어서 가까운 음식점을 찾아 함께 식사를 했다.

식사 후 묵직한 박스를 받아와 열어보니 김치 한 통과 삶은 시래기가 담겨 있다. 또 다른 봉지에는 콩나물이 가득 들어 있다. 아내는 냉장고에 물건을 옮겨 넣으며 “세상에나!”를 연발한다. 정성을 보내주신 분에 대한 아내 나름의 감사와 고마움의 인사 표시다. 이 세상 무엇으로도 갚을 수 없는 사촌 형님과 형수님의 정이다.

다음날 아침을 김치와 된장에 버무린 시래기로 맛있게 먹었다. 혀끝에서 고향의 흙내를 느낀다. 김치는 씹을 때마다 머금고 있던 시원한 맛을 토해냈다. 개운한 맛이다. 시래기는 된장에 입혀져 긴 줄기를 한 입에 넣어도 전혀 질기지 않았다. 구수하면서도 담백한 맛이다.

나의 아버지는 4남 1녀 중 막내셨다. 큰집의 큰형님(아버지에겐 조카)과는 거의 비슷하게 태어나 어린 시절을 함께 지내셨다고 한다. 큰집과 우리 집은 담 없이 아래윗집에 살았다. 나는 항렬이 높아 연장인 조카가 여럿이다. 부모님이 돌아가셔서 고향의 사촌 형님과 형수님이 부모처럼 느껴진다. 항상 고향을 지키고 계시니 마음이 든든하다. 언제 찾아도 반갑게 맞아주신다.

마을 입구에 커다란 정미소가 있었다. 큰집 형님이 운영하는 정미소다. 정미소 옆에 가게가 있어 잡화와 막걸리를 팔았다. 정미소를 운영하는 형님은 마음씨 넉넉한 부자였다. 오가는 사람이 지나는 길목이라 눈에 띄면 "한 잔 하고 가."라며 후하게 술 인심을 나눴다. 쌀을 주식으로 하는 시절에 형편이 어려운 사람에게는 기꺼이 곡식을 나누는 정을 베푸셨다.

그런 형님이 위암과 식도암 수술을 받았다. 힘든 암 투병을 이겨내며 신앙을 가져 나머지 삶을 덤으로 생각하고 희생과 봉사를 이어가고 계신다. 노인 회장을 맡아 어르신들을 돌보기도 한다. 고향마을 언덕 위의 하얀 집으로 인상이 깊은 교회 마당에 게이트볼 연습장을 손수 만들어 많은 사람이 운동을 즐길 수 있도록 했다.

형수님은 젊었을 때 애를 낳고 산후조리를 소홀히 하여 다리에 마비가 왔다. 평생 절뚝거리며 허리를 펴지 못해 구부리고 사신다. 그 불편한 몸으로 형님을 도와 힘든 농사일을 해오셨다. 밭을 매거나 곡식을 거둘 때면 아예 땅바닥에 주저앉다 못해 기어다니며 일을 하시는 모습은 너무도 애처롭다.

항상 허리를 펴지 못하고 생활하니 드신 음식이 내려가지 않아 종종 토하는 경우가 있다. 억지로라도 허리를 펴고 걸을 수 있도록 보행 보조기를 마련해 드렸다. 얼마 후 찾아뵈니 응접실에 그대로 모셔져있다. "왜, 사용하지 않으세요?"라고 여쭈니, "도련님이 사준 거라서 아까워 사용하지 못하고 있다."라는 형수님이다.

남의 딱한 처지를 헤아려 알아주고 도와주는 인자한 심성이 형님의 건강 비결인 것 같다. 예전에는 명절 때마다 돼지를 잡아 어른들께 먼저 나눠드리고 남은 고기로 동네잔치를 치르기도 했다. 마을에 애경사가 생기면 솔선하시니 누구라도 따르지 않을 수 없다. 견디기 힘든 불볕더위가 한창이던 지난여름 고향에 들르니 마을회관에 어르신들을 모셔 에어컨을 가동하여 열사병을 피하도록 돌보고 계셨다.

세상에 태어나 한 곳에서 곧 미수(米壽)를 맞는 형님이다. 같은 장소에서 해방을 맞고 6·25전쟁에 참전하셨다. 고향을 지켜온 당산나무 같다. 많은 사람에게 그늘과 가림막이 되어 주었다. 아직도 지역과 마을의 대소사를 원만히 처리하는 덕망 있는 일꾼이다. 우리 집안을 이끄는 큰 어른이시다.

제법 찬바람이 스민다. 오늘은 일찍 저녁을 먹고 아내와 함께 시장에 다녀왔다. 고향에 계시는 사촌 형님과 형수님의 방한화를 한 켤레씩 준비했다. 손에 바르는 크림도 샀다. 이번에 내려가면 형수님의 울퉁불퉁 거칠어진 손을 꼭 잡아드려야겠다.

이 밤도 형님은 안채를 비우고 황토방 아궁이에 군불을 지피고 계실 것이다. 누군가를 기다리며 자꾸 어스름한 먼발치를 내다보면서.

'제가 가겠습니다. 형님께 얼른 가겠습니다. 구들 냄새 나는 황토방으로. 동지섣달 긴긴 밤이 시샘 내는 혈육의 정 나누러. 참, 형수님이 담근 개운한 김치와 담백한 시래기도 꼭 맛을 봐야겠지요.'

꽃씨야 꽃씨야

- '꿈틀꽃씨'와 '착한가게' 앞에서 -

병원 본관 오른쪽 쉼터에 '착한가게'가 열렸다. 초입에는 어린이의 꿈을 그린 작품이 전시되어 있다. 탁자에 진열된 것은 인형, 머그컵, 책, 천연비누 등으로 기부 또는 후원받은 소박한 물건이다. '착한 가게'는 약해져가는 숨을 이어가고 싶은, 꺼져가는 생명에 기적을 바라는 소아청소년 환자와 그 부모의 간절한 희망을 담아 운영되고 있다.

'꿈틀꽃씨'는 서울대학교 어린이병원 완화의료 프로그램으로 2015년 4월에 개소된 쉼터이다. 꿈틀꿈틀, 꿈을 담은 꽃씨가 움트기를 바라는 마음이 담겨있다. 중증・희귀난치질환(근육병, 소아암, 만성 육아종 병, 만성 신부전, 선천성 심장 질환, 크론병 등)으로 병원을 방문한 소아청소년 환자와 가족이 휴식을 누릴 수 있도록 마련한 보금자리다.

소아 완화의료는 임종하는 '그날'까지 어린이와 가족이 몸과 마음을 편하게 가질 수 있도록 돕는 프로그램이다. 이들은 짧은 생의 대부분을 병원에서 보낸다. 생의 마지막 순간에 이르러서도 아이는 저마다의 고통 속에서 자라며 성장해 간다. 고통과 함께 살아가는 것, 그 안에서 나름의 의미를 찾고 안정을 이어가는 성숙함이 있다. 아이들을 지켜보면서 인간의 성숙은 연령의 노쇠를 반드시 요구하지는 않는다는 것을 실감한다. 이 세상에서 가장 아프고, 슬픔 속에 자라는 아이들이 여기에 있다.

희귀난치질환으로 진단을 받은 환자는 대개의 경우, 임종까지 부정-분노-타협-우울-수용의 과정을 거치게 된다. 소아청소년 환자는 이러한 고통을 가족과 함께 겪는다. 이들은 너무나 짧은 기간을 살아야 하기에 부정에서 곧바로 수용의 단계로 과정을 극복해야 하니, 그 충격과 아픔이 오죽할까?

생의 마감을 준비하는 이들의 하루는 거룩함, 그 자체다. 서두름도 슬픔도 요란함도 없이 그저 묵묵히 견뎌낸다. 짧은 만남을 오래 기억하고자 아이와 함께 대화 나누기, 책 읽어주기, 그림 그리기, 가족사진 촬영하기 등으로 조용히 추억을 만든다.

아이가 임종한 후에는 가족이 원하는 경우 함께 있을 수 있는 시간을 준비해 드린다. 이 시기에는 크게 우는 것보다 조용히 안아주기, 사랑한다고 이야기하기, 쓰다듬기, 손잡기 등으로 아이를 향한 마음을 표현하는 것이 좋다. 아이가 좋아하던 옷, 장난감, 신발, 그림, 가족의 편지 등을 준비하여 무엇과도 바꿀 수 없는 마지막 시간을 보낸다.

이 세상에는 순결하고 선량한 사람이 많다. 아픈 아이와 과정을 함께하며 사랑을 나누는 봉사자가 그들이다. '꿈틀꽃씨' 쉼터에는 동화이야기, 네일아트, 클래식 음악, 생일파티, 영화 상영, 소원 그리기, 음악 및 무용치료가 진행된다. 지친 보호자를 대상으로 천연화장품 만들기와 요가 수업도 병행한다.

봉사자들은 "단순한 봉사가 아닌 행복을 느끼는 시간이었다." "아이의 고통을 대신해 줄 수는 없지만 작은 노력의 씨앗이 자라 누군가에게 꽃이 필 수 있다는 믿음을 가지게 되었다."라고 말한다. 이들은 함께했던 아이들의 눈망울, 목소리, 표정, 몸짓 하나하나까지 모두 기억하며 사랑했던 천사 친구들을 잊지 못한다.

시간이 지나 아이를 떠나보낸 후, 자원봉사를 하는 자리에서 보호자를 다시 만날 때가 있다. 소중한 생명을 잃은 허탈감을 추스르기도 힘들 텐데 내색하지 않는다. 가슴이 새까맣게 타도록 아파 본 사람이 다른 사람의 아픔을 함께 나누는 모습은 진정으로 아름다운 광경이다. 이것은 분명히 아이가 남기고 간 선물이라는 생각이 든다.

소아청소년 환자와 가족은 치유될 수 있다는 희망을 가져야 한다. 감당하기 어려운 현실을 이웃과 사회가 나누려는 실천이 활발하게 펼쳐지고 있다. 각종 단체에서 치료를 위한 경제적 지원, 치료 환경과 의지 강화를 위한 정서지원, 학교 복귀 지원, 완치자 지원, 치료 과정의 물품 지원에 이르기까지 세심한 노력이 기울여지고 있다.

'착한가게'에 참여하면서 기부와 후원이 모아져 큰 기쁨과 보람으로 이어지는 것을 본다. 둘러보다가 한 아이가 쓴 동시 앞에서 오래도록 서 있었다.

꽃씨야 꽃씨야 싹을 틔워 자라주렴
꽃씨야 꽃씨야 꽃을 피워 웃어주렴
꽃씨야 꽃씨야 열매 열어 내게 주렴
그 열매 먹고 꿈틀꿈틀 우리들은 힘이 난다.

병상의 아이와 가족은 미래의 불확실성 앞에서 날마다 불안하지만 소망은 순수하다. 그 아이들이 가족을 떠나며 남긴 말이다.

"엄마, 아빠. 안아주고 뽀뽀해줘서 고마워요."

"엄마랑 약속한 것 때문에 아픈 거 참았어. 나, 잘할 수 있어."

"하늘나라에서 저는 아빠, 엄마, 동생 모두 내려다볼 수 있어요."

밤하늘을 바라본다. 수많은 별이 반짝인다. 큰 별이 작은 별에게 묻는다.

“너는 어디서 왔니?”

“따뜻한 나라에서 왔어요.”

‘꿈틀꽃씨’와 함께한 기억을 말하는 것이리라. 정민아! 성태야! 고통 없는 하늘나라에서 오래도록, 아주 오래도록 반짝반짝 빛나거라!

버킷 리스트

사람은 누구나 후회하지 않는 삶을 살기 위해 노력한다. 우리가 죽기 전에 꼭 해보고 싶은 일을 적은 목록이 '버킷 리스트(The Bucket List)'다. 자신의 생각을 글로 표현하는 것은 목표를 구체화하는 과정이다. 누구든지 하고 싶은 일을 기록하면 놀랍게도 현실로 이루어지는 경우가 많다.

'버킷 리스트(The Bucket List)'는 2007년 미국의 롭 라이너(Rob Reiner) 감독이 제작한 영화이다. 70대의 잭 니컬슨(Jack Nicholson)과 모건 프리먼(Morgan Freeman)이 주연하였다. 이 영화가 상영된 후부터 '버킷 리스트'라는 말이 널리 사용되기 시작하였다.

영화의 줄거리는 이러하다. 암에 걸린 두 노인이 6개월이라는 시한부 선고를 받고 병원 중환자실에서 만난다. 자신에게 남은 짧은 시간 동안 하고 싶은 일에 대한 목록을 만든다. 이후 병실을 뛰쳐나가 이를 하나씩 성취해 가는 아름다운 여정을 보여 준다. '우리가 인생에서 가장 많이 후회하는 것은 살면서 한 일들이 아니라, 하지 않은 일들'이라는 메시지를 남긴다.

사람에 따라 하고 싶은 일은 다 다르다. 죽음을 눈앞에 둔 사람은 사랑하는 사람과 오붓하게 오솔길을 걷고 싶을 수 있다. 바쁜 일상에 쫓겨 여유를 잃고 사는 사람은 가까운 곳으로 여행을 떠나는 것일 수도 있다. 오랜 투병 생활 끝에 돌아온 사람은 날씨 좋은 가을날 노천카페에 앉아 에스프레소커피 한 잔을 마시는 것이 '버킷 리스트'가 될 수 있다.

이처럼 '버킷 리스트'는 각자가 처한 상황, 간직하고 있는 꿈, 도전하고 싶은 욕망에 따라 다르다. 일상의 사소한 일이 될 수도 있고 많은 시간이 걸리는 큰일일 수도 있다. 그런 의미에서 '버킷 리스트'는 행복으로 가는 꿈의 목록이다. 꿈을 나누고 실천하면서 절망적인 상황에서도 희망을 얻는 일이다. 하고 싶은 일을 기록하면 이러한 장점이 있다. 첫째, 내용을 수정하면서 자신이 선호하는 것을 발견할 수 있어 내가 누구인지 아는 데 도움을 준다. 둘째, 삶의 방향성과 구체성을 주기 때문에 방향과 속도를 정할 때 유용하다. 셋째, 이룰 수 있는 구체적인 꿈에 도전하고 그 꿈을 이루면서 삶의 만족도가 높아져 행복해질 수 있다는 것이다.

현대사회에서의 '버킷 리스트'는 조금씩 달라지고 있다. 자신이 선호하는 것을 찾아 구체적인 꿈에 도전하는 성향이다. 막연한 꿈이 아니라 내 삶의 질 향상을 위해 기록한다. 하고 싶은 일, 가고 싶은 곳, 보고 싶은 것이 많을수록 좋은 게 아닐까 싶다. 그냥 종이 위에 끼적여 보는 것이 첫걸음이다.

2016년 리우 하계올림픽이 개막되었다. 국가대표 선수에게는 4년을, 아니 모든 젊음을 바쳐 쌓아온 기량을 펼칠 기회이다. 어느 선수는 긴장을 이겨내고자 어깨에 멘 가방에 '초심을 유지하자.' '심호흡하기'라는 간단한 문구가 적혀있다. 또 다른 선수는 '할 수 있다.'라고 몇 번이고 되뇌어 기어이 짜릿한 역전승을 거두는 모습은 감동적 드라마였다. 그들은 해야 할 일을 적어 목표로 삼고 메달 사냥에 나선 것이다.

새로운 항공기의 성능시험을 위해 매 순간 목숨을 건 테스트 파일럿의 '버킷 리스트'는 순박하게도 비행하기 전에 '가족과 통화하기'이다. 운전을 생업으로 하는 사람에게는 '빨리 가는 것보다 목적지에 안전하게 가는 것이 중요하다.'가 하나의 보기이니 각자 하는 업무에 따라 해야 할 일을 적는 것은 누구나 실천할 수 있는 일이다.

은퇴 후의 삶을 준비하는 차원에서라도 '버킷 리스트'작성을 권하고 싶다. 여가(Leisure), 보험(Insurance), 안전자산(Safe asset), 여행(Travel) 계획을 구체적으로 세워야 한다. 노년의 삶에 소중한 것은 끊임없는 격려와 용기를 주는 친구와 가족일 것이다. 여유가 있다면 재물과 재능을 이웃과 함께 나누며 사는 것도 좋은 방법이다.

누구나 노년에 들어서면 질병을 앓고, 건강을 되찾고, 새로운 생활을 추구하고, 독립하며 인생을 반추한다. 이 시각 나의 '버킷 리스트'를 살며시 꺼내본다. 별의 시인 윤동주의 고향인 중국 용정중학교(옛 대성중학교) 방문하기, 백두산 등정하기는 동그라미가 그려있다. 많이 걷기, 수필 공부하기는 현재 진행형이다.

나는 체험을 통해 실제로 성취의 기쁨을 맛보고 있다. 특별한 양식이 없다. 하고 싶은 일을 적으면 된다. 그러면 신기하게도 에너지가 모아진다. '쓰면 이루어진다.'는 종이 위의 기적을 믿는다. 결코 이 세상에 너무 늦은 것은 아무것도 없다는 깨달음이다.

화(火) 내지 맙시다

"지금부터 화재 발생 대비 소방훈련을 시작하겠습니다."라는 안내방송과 함께 화재 경보가 울린다. 화재 발생을 가정해 병원에서 소방훈련을 한다. 반복 훈련과 교육을 통한 초기 대응 능력 향상은 화재 발생 시 피해를 줄이는 최선의 길이다.

수술 및 검사와 외래진료가 한창인 시간에 대형 병원에서의 소방훈련은 많은 부담을 가진다. 한시도 공백 없이 정상 운영돼야 하는 병원임에도 훈련하는 것은 환자안전에 대한 인식이 높아졌기 때문이다. 화재는 때와 장소를 가리지 않으니 당연한지도 모른다.

소방훈련에서는 화재 경보 · 소화 · 피난에 중점을 둔다. 화재 경보는 큰소리로 "불이야."라고 외치고, 인근에 부착된 발신기

버튼을 누르며, 119번에 화재신고를 한다. 소화는 소화기를 들고 불쪽으로 접근하여 안전핀을 뽑고, 호스는 불을 향하고 손잡이를 움켜쥐며, 불길 주위에 골고루 약제를 뿌린다. 피난은 A급(중환자)·B급(경환자)·C급(거동 가능 환자 및 보호자)으로 분류하여 피난경로를 따라 대피한다.

다양한 환경 특성에 맞춰 병원 직원들은 신속히 움직인다. 수술실이나 중환자실에서는 수액라인 분리, 배액라인 고정, 이동식 산소 장착, 인공호흡기를 사용하면서 의료진과 같이 침대째 이동한다. 검사실이나 외래에서는 가까운 출구에 피난유도요원을 배치하여 건물 밖으로 대피를 돕는다.

각 병동의 화기 단속 책임자는 환자 대피 후 의료가스를 차단하여 화재 확산을 방지한다. 자력으로 대피가 가능한 환자 및 보호자는 필히 피난계단을 이용해야 한다. 화재 시 승강기 이용은 절대 금물이다. 승강기를 이용했다가 정전이 동반되면 탈출이 불가능하고 승강기 통로가 굴뚝 역할을 하여 꼼짝없이 갇혀 질식사하기 때문이다.

지난 1월 4일 국내 최고층(123층)인 롯데월드타워에서 화재를 가정한 긴급 대피훈련이 있었다. 555m 높이의 타워는 아직 공식 개장하지 않은 상태로 사용 승인에 앞서 피난용 승강기 등이 제대로 작동되는지 점검하는 목적도 있다. 자발적으로 지원한 3천여 명의 시민 참가자는 진지함보다 초고층 전망과 기프트카드, 영화표까지 공짜라는 생각에 들뜬 표정이 역력했다.

참가자들을 층별로 골고루 배정하여 한 시간 안에 대피시키는 것이 목표였다. 훈련 시작부터 고층부 피난계단에 병목 현상으로 오도 가도 못하는 상태가 됐다. 층별 인원을 안배한 주최 측 계획과 달리 전망을 즐기려는 참가자가 고층부로 몰렸기 때문이다.

예정된 훈련 시간이 지나 '훈련 종료' 선언을 하였으나, 실제 참가자의 20%는 건물 안에 있었다. '실제 상황이었다면 큰 인명 피해가 났을 것'이라는 교훈을 얻었으니 그나마 다행이다. 평가를 통해 문제점을 보완하고 반복 훈련을 시행하여 완벽을 기해야 함은 두말할 여지가 없다.

2016년 8월 3일 에미레이트 항공의 보잉 777여객기가 두바이 공항 활주로에 300명을 태운 채 동체착륙을 하였다. 착륙한 뒤 폭발사고로 이어졌지만 탑승자 전원이 목숨을 구했다. 비상시 90초 이내에 승객 전원을 탈출시키는 반복 훈련을 받은 승무원의 침착한 대응이 대형 참사를 막은 것이다.

며칠 전 지인인 성형외과 원장을 만났다. 1997년 8월 6일 대한항공 801편이 괌에서 추락사고로 228명이 사망하고 26명이 부상당했다. 당시 지인은 화상전문병원의 성형외과 과장으로 재직하면서 이송된 환사 치료에 밤낮이 없었다. 수차례의 수술을 거쳐 생존한 사람 중에는 화상 후유증으로 20년이 지난 현재까지도 병원 신세를 지고 있다고 한다.

모든 사고는 원인이 있다. 그래서 예방점검이 우선시 되어야 한다. 예방점검과 화재 발생시 초기 대응의 중요성은 백 번을 강조해도 부족하다. 현장 상황을 잘 아는 책임자의 지휘가 생명을 구한다. 따라서 책임자의 초기 대응능력 향상을 돕는 반복훈련과 교육은 철저히 이뤄져야 한다.

실제 수술 준비실에서 전기화재가 발생했다. 실험실에서는 알코올램프 이용 부주의로 화재가 나기도 했다. 직원들이 평소 교육받은 대로 소화기를 사용하여 화재를 진화했다. 마취 상태의 다수 환자가 수술 중이었으니 화염 또는 연기가 확산되었다면 큰 피해로 이어질 뻔한 아찔한 사고다. 반복 훈련과 교육의 중요성을 새삼 실감하는 순간이다.

'소화기 한 개는 소방차 한 대'라는 표어가 눈에 띈다. 사랑하는 가족을 화재로부터 지키려면 집집마다 소화기를 비치해 두어야 한다. 병원에 근무하는 직원은 환자의 안전을 지켜야 한다. 화재 경보·소화·피난 방법을 익혀 누구라도 초기 대응할 수 있어야 한다.

"이상으로 소방훈련을 마치겠습니다."라는 안내방송이 들린다.

오늘 훈련은 성공적이다. 최근 대구 서문시장에 이어 여수 수산 시장의 화재로 큰 피해를 입었다. 지금도 화재는 우리 곁에서 빈틈을 노리고 있다.

마음속으로 몇 번이고 되뇐다. '자, 다 같이 화(火) 내지 맙시다.'라고. 이왕이면 마음의 불까지도 내지 말았으면 하는 바람이다.

지금 모습이 딱 좋아

곰곰이 생각해 본다. 이 세상에 아름다운 모습이란 무엇인가. 아마도 맡은 일을 열심히 하는 모습, 그 자체일 것이다. 가까이 있는 연세 드신 부부가 건강하게 열심히 사는 지금 모습이 딱 좋아 보인다.

얼마 전 동네 사랑방 같은 이발소가 신장개업했다. 그것도 골목이 아닌 도심지 대로변에 버젓이 자리 잡았다. 이발 4,000원, 염색 5,000원의 파격적인 가격이 붙은 기다란 삼색 원통이 돌아가는 이발소가 생긴 것이다.

'저렇게 싼 가격에'라는 의문을 품고 찾아가니 팔십 줄의 노부부가 맞아 주셔서 놀랐다. 주인은 어깨가 굽었지만 인자한 얼굴에 반짝반짝 포마드를 발라 머리를 빗어 넘긴 단정한 모습이다. 부인은 백발이 성성한 자그만 키에 꼿꼿한 자세로 검은색 앞치마를 두르고 있다.

손님이 뜸한 시간 주인은 머리를 다듬으며 구구절절 말한다. 커피는 무료이니 언제든지 동네 사랑방처럼 들르란다. 낮 시간에 장사한 돈은 모두 부인이 가져가고 저녁에 버는 돈이 자기 거라며 껄껄 웃는다. 지금처럼 사랑하면, 앞으로 더 사랑해 주면 할망구도 예뻐진다며 눈치를 살핀다. 이야기를 듣다 보니 싼 게 비지떡이라는 선입관을 깡그리 지울 만큼 머리를 잘 깎으셨다.

당초 이 자리는 도시개발 계획도와 부동산 지도를 만드는 곳이었다. 간판이 '전국 지도 센터'였다. 적은 비용으로 개업을 준비하던 주인은 가운데 '지도'라는 글자 위에 '이발'이라는 글자를 덧씌워 '전국 이발 센터'로 바꿨다. 알뜰함을 넘어서 재치도 엿보인다. 실내 인테리어도 각종 지도가 그대로 붙은 자리에 거울을 달고 이발용 의자 3개를 들여놓았다.

머리 손질할 때는 혹시라도 손님이 원하는 스타일이 아니어서 맘 상하지 않도록 어떤 머리가 좋은지 미리 확인하는 신중을 기했다. 이발하는 중간에도 모양이 괜찮은지 물으셨다. 독특한 개성을 추구하는 사람에 맞춰 만족도를 높이려는 주인의 노력이 좋아 보였다.

머리 염색은 약을 다 바르고 나면 가장자리를 빙 둘러 비누

거품을 칠해 놓는다. 나중 씻을 때 염색약이 피부에 묻는 걸 조금이라도 막으려는 궁여지책이다. 염색약 바르고 배어들기를 기다리는 동안 칠십 줄의 노인이 들어와 온갖 이야기를 풀어 놓는다.

국회의원 35명이 탈당해 신당을 만들어 이제 4당 체재로 간다는 둥, 국회 청문회에 나온 증인들이 모르쇠로 배 내미는데 뭐 저런 인간이 다 있냐는 둥, 경제가 어려워 서민은 죽네 사네 하는데 촛불집회와 대통령 병에 걸려 날뛰고 있다는 둥, 듣거나 말거나 떠들어댔다. 세면대에서 머리를 감는 중에도 혼자서 뭐라 뭐라 자꾸 중얼거렸다.

이발소가 젊은이에게는 궁상스럽고 칙칙할 수도 있다. 손잡이는 부러지고 안테나가 떨어져 철사로 길게 이어붙인 낡은 카세트에서는 가수 조미미의 '바다가 육지라면'이나, 남진의 '가슴 아프게'가 간드러진다. 벽에 붙은 옛날 배우의 사진이 정겨운 분위기와 묘한 조화를 이룬다. 이 또한 고객층의 취향을 고려함일 것이다.

기역 자 모양의 기다란 연통이 달린 연탄난로가 주인의 온화한 성품만큼이나 따뜻하다. 비누거품을 난로 겉면에 동그라미를 그리며 거품을 내서 턱에 바르고 면도한다. 난로 위의 더운물에 수건을 적셔 얼굴을 덮어 살갗을 부드럽게 하여 쓱쓱 면도를 해준다.

노부부가 어떤 연유로 늘그막에 '전국 이발 센터'를 개업했는지 모른다. 그것도 하루 종일 서서 손님을 맞아야 하는 힘든 일이다. 기왕에 시작한 일이니 부부의 마음이 녹아드는 따뜻한 사랑방으로 늘 행복이 머물러 제2의 멋진 꿈을 활짝 펼치기를 빌어본다.

하나, 둘 네온등 켜지는 퇴근길, 동네 사랑방 앞을 지난다. 불켜진 창을 통해 이발소 안에 손님이 많으면 왠지 내 마음이 든든하다. 도로변에 3단 화환과 신장개업 표지가 여전히 반기고 있다. 부인이 퇴근한 이후에 버는 돈이 자기 거라며 껄껄 웃던 주인의 얼굴에는 '더도 말고 덜도 말고 지금 모습이 딱 좋아'라며 만족해하는 표정이다.

무리한 욕심 없이 순리 따라 사는 노부부를 통해 사람 사는 정겨운 세상을 느낄 수 있어 좋다. 예스러운 분위기에서 달콤한 커피 한 잔으로, 정성을 다하는 머리 손질로 따뜻한 정을 나누니 감사하다. 이 소소한 정을 더불어 느끼고 감사하며 살았으면 하는 바람이다.

오래도록 보고 싶다. 오래도록 느끼고 싶다. 노부부의 딱 좋은 지금 모습을.

4.

그 겨울의 달빛

달은 우리의 삶을 닮았다. 모양을 달리하며 초승달, 상현달, 보름달, 하현달, 그믐달이 반복된다. 삶이 아무리 어렵고 힘들어도 채워지면 이지러지고, 이지러지면 다시 채워지는 달은 희망이었다. 그믐의, 한 치 앞이 보이지 않는 어두운 삶 속에서도 다시 채워진다는 희망을 잃지 않았다.

그 겨울의 달빛

외할머니 제삿날이다. 음식을 준비하고자 어머니는 낮에 서둘러 외갓집에 가셨다. 늦은 밤이 되어서야 아버지는 나를 데리고 발자국 따라 울퉁불퉁 언 땅을 밟으며 외가에 갔다. 동지섣달 엄동설한이어도 중천에 떠 있는 둥근달은 아버지와 나의 밤길을 훤하게 밝혀줬다.

어디서든 달을 보면 그리운 얼굴이 떠오른다. 나를 밝게 비추어주기 때문일까? 둥글기 때문일까? 자세한 이유는 나도 모른다. 아마도 어려서부터 소원을 비는 달맞이 풍속의 낭만적 환상과 꿈을 이루려는 마음에서 비롯된 것이 아닌가 싶다. 하늘 높이 뜬 달은 서로 멀리 떨어져 있어도 늘 마음으로 함께 공유할 수 있어서 고향 같은, 고향에 계신 어머니 같은 그리움의 존재다.

타향에서 고단한 하루를 마치고 아무도 없는 집에 들어설 때도 하늘에 떠있는 달은 언제나 위로가 된다. 뿐인가, 그 누구도 들어주지 않을 하소연을 해도 변함없이 받아주고 들어주고 품어준다. 그렇게 친근해서 좋고, 감싸주는 빛이 아늑해서 좋다.

사람은 자신만의 아픔과 슬픔을 가지고 있다. 다른 사람이 온전히 자기 것이 아닌 아픔과 슬픔을 고개 끄덕여 공감할 수는 있다. 그러나 깊이 이해하기는 어렵다. 뼛속에 진국처럼 밴 아픔과 슬픔을 달은 넉넉한 가슴으로 안아 녹아내리게 해준다. 고마운 달이다.

달은 우리의 삶을 닮았다. 모양을 달리하며 초승달, 상현달, 보름달, 하현달, 그믐달이 반복된다. 삶이 아무리 어렵고 힘들어도 채워지면 이지러지고, 이지러지면 다시 채워지는 달은 희망이었다. 그믐의, 한 치 앞이 보이지 않는 어두운 삶 속에서도 다시 채워진다는 희망을 잃지 않았다.

윤극영(尹克榮)의 작사 · 작곡으로 1924년에 발표하여 창작동요의 효시가 된 '반달' 2절을 불러본다.

> 은하수를 건너서 구름 나라로
> 구름 나라 지나선 어디로 가나
> 멀리서 반짝반짝 비치 이는 건
> 샛별이 등대란다. 길을 찾아라.

일제강점으로 나라 잃은 민족의 설움을 "…샛별이 등대란다. 길을 찾아라."라는 노랫말로 꿈과 용기와 희망을 주었다.

인류의 숙원으로 우주 비행사가 달을 밟은 1969년 7월 20일. 그곳에는 계수나무도 방아 찧는 토끼도 없음이 확인되었다. 그러나 나에게 달은 여전히 고향이요, 어머니이다. 달빛의 은은함과 부드러움이 좋다. 푸근한 달빛은 언제라도 포용하고 감싸주기에 또한 좋다.

중학생 시절 윗방에서 밤늦게까지 공부하다 졸리면 창문을 연다. 뒤꼍의 커다란 감나무 사이로 기우는 달빛은 마지막 남은 이파리와 따지 않은 홍시를 선명하게 비추고 있다. 깊은 겨울밤 얼굴에 찬바람 쐬어 졸음 쫓고 창문을 닫아도, 그 틈에 스미던 달빛은 오래 남는다.

달을 쳐다보며 세월을 돌아본다. 달은 밝음과 그 원만함이 돋보인다. 사물을 확연히 개별화하고 구분하기보다 서로 어울리고 녹아들게 한다. 어둠의 일부를 밝히는 심지가 되어 어둠 가운데서 함께 공존하여 누구와도 원만해지는 달의 지혜를 배우고 싶다.

어릴 적 겨울밤, 아버지 손잡고 외갓집 가는 길을 밝게 비추던 아련한 달빛을 잊지 못한다. 상고대가 앉은 소나무 가지 끝이 보석되어 빛나는 고갯길을 넘어서 갔다. 흰 두루마기를 입은 어른들은 자정이 가까워서야 제사를 지냈다. 절을 하고 읽는 축문은 엄숙했다. 제사상 위에 노란 속살을 드러낸 채 톱날 모양으로 자른 삶은 계란을 졸린 눈으로 삼키던 생각이 난다.

제사 모시고 새벽바람 맞으며 집으로 돌아오는 길에도 달은 지고 있지만 여전히 세상을 밝히고 있었다. 길가의 얼어붙은 서릿발이 달빛에 반짝이고 있었다. 나의 오른손은 아버지의 왼손을, 나의 왼손은 어머니의 오른손을 잡고 돌아왔다. 아버지와 어머니의 따스한 온기가 전해지는, 손그네 타며 허리춤이 다 드러나도 추위를 느낄 수 없었다. 평온한 달빛이었다.

마치 나를 기다려 밤길을 밝혀준 것 같아 집에 돌아와 이불 속에 들어서도 달에게 고마운 생각이 들었다. 서서히 동이 트면 달빛은 옅어지고 불현듯 시야에서 사라진다. 오로지 나만을 위해 길을 밝혀준 달빛이 아득한 수평선 끝으로 한 점 되어 사라지는 꿈을 꾸며 포근히 잠들었다.

세상을 홀로 밝히며 꿈과 용기와 희망을 주던 달, 그 달이 고맙다. 그 달빛이 그립다.

기본에 충실한 설계와 수필창작

외부 위탁교육을 3일간 받았다. 전문교육이라 지루하지만 최신 기술을 익히는 실무교육이다.

설계자는 입증된 기술(As proven technology)에 충실한 설계를 하는 습관을 가져야 한다. 언뜻, 수필창작(隨筆創作)도 이와 다를 바 없다는 생각에서 고려할 내용을 알아보고자 한다.

설계는 공학에서 목적물을 만들거나 변경, 해체하는 일에 대한 계획을 세우는 일이다. 도면이나 각종 계산서, 산출 내역서, 시방서 따위를 합쳐 부르는 말이다. 여기 글씨체가 다른 부분은 수필창작에 반영할 내용이다.

설계 시에는 먼저 타당성 검토(Feasibility Study)가 선행되어야 한다. 설계에 앞서 타당성을 조사하여 그 결과를 작성하는 문서를 발한다.

수필은 구상 단계부터 글을 의미화(意味化)시켜 독자가 무엇을 쓰고자 했는지 작가의 의도를 느껴야 한다. 본인이 직·간접으로 보고 느낀 것을 언어를 빌려 형상화(形象化), 의미화하여 감동이 있는지 검토한다. 제목에 '!', '?', '…' 따위의 부호는 붙이지 않는다.

다음은 기본계획(Master Plan)을 세워야 한다. 설계 행위 중 가장 초기 단계로 개괄적(概括的), 기본적인 방침을 획정(劃定)하는 설계업무의 기본이다.

우선 고운 심성과 바른 기개(氣概)를 가진다. 자기 처신과 관리를 게을리하지 않는다. 투철한 역사의식과 정의감으로 사회현상을 본다. 자신이 남에게 본이 되지 않으면 좋은 글을 쓸 수 없다. 이를테면 인간성 회복이다.

다음은 기본설계(Basic Design)를 하여야 한다. 설계에 앞서 행하는 업무로 건축주의 요구를 반영하여 필요한 조건을 도면화한 것이다.

주제가 있는 글로서 그것을 의미화 시킨다. 문장이 정확하고 꾸밈이 없어야 한다. 소재를 보는 시각이 신선해야 한다. 작가 정신이 든 글이어야 한다. 태생적으로 진실을 기초로 한 체험의 문학이어야 한다. 회복한 그 인간성 유지에의 노력이다.

다음은 상세설계(Detail Design)를 하여야 한다. 각 부품의 형상이나 재료, 가공법이 정해져 제작도면이 나오는 단계로 틀 짜기, 곧 글의 구성이다.

도덕성에 흠결(欠缺)이 없어야 한다. 자기자랑과 과시는 결정적 독소(毒素)이다. 실수담이나 실패담이 오히려 성공을 거두는 작품이 된다. 빈약한 체험과 깊이 없는 사색으로 성의 없이 쓰지 않아야 한다.

다음은 시공(Construction)을 한다. 도면에 따라 현장에서 공사를 실시하는 것이다. 곧 문장 쓰기다.

누구도 생각하지 않은 기발한 발상과 독특한 소재로 자기화한 개성 있는 글을 쓴다. 작품의 형상화와 의미화는 정황에 들어맞는 소재와 문장에 있다. 부끄럽고 뼈아픈 일이라도 그것을

기피하지 않는다. 독서와 여행을 통한 인격 수련과 자기 관리로 사색의 샘물이 마르지 않도록 한다.

다음은 시운전(Test-run)을 한다. 사용에 앞서 시험 운전하는 것이다.

'아하, 그 말을 하고 싶어서 썼구나.' 하고 느끼게 하는 형상화와 의미화가 있는지 본다. 사물을 건성으로 보지 않고 '생명존중'이나 '경외심'으로 보아 감동을 담아내는 안목이 있는지 살핀다. 감동을 맛보기 위해 쓰고 읽는다는 의도를 바탕에 깔고 있는지 확인한다.

다음은 인수인계(Hand-over)를 한다. 책임 소재를 명확히 하는 동시에 업무 수행이 능률적이고 연속적으로 이루어지도록 하는 것이다.

글을 시차를 두고 정독하면서 주제나 구성이 의도대로 드러났는지 검토한다. 군더더기가 없는지, 어휘 사용은 적절한지 살핀다. 오・탈자(誤・脫字) 유무를 점검한다. 접속사나 띄어쓰기가 제대로 되었는지 본다. 문단 나누기와 제목, 이름이 빠지지

않았는지 확인한다. 즉, 검색과 퇴고다.

다음은 피드백(Feedback)을 한다. 잘한 점, 부족한 점, 고려할 점을 생각하는 것이다.

세 번 고친 글은 두 번 고친 글보다 낫다. 신선한 소재인가. 모작(模作)을 경계했는가. 나만의 고유한 빛깔을 내서 썼는가. 한바탕 웃게 하는 해학(諧謔)의 멋이 담겼는가. 지나친 경어 사용은 삼갔는가. 문장 속에 섬세한 감정을 담았는가. 표현기법을 연마하여 문학성을 살렸는가. 서두는 두서너 문장으로 그쳤는가. 서정 수필의 말미는 여운을 남겼는가.

설계하여 완성한다는 것은 하나의 작품을 창작하는 것과 같다. 기본에 충실하지 않은 설계는 여러 가지 문제를 야기한다. 이왕이면 수필창작도 고려할 내용을 잘 반영하여 글을 쓰는 습관을 가져야겠다.

기본에 충실해야 하는 것은 설계나 수필창작이나 다를 바 없다. 3일간의 교육을 마치며 얻은 깨우침이다. 갑자기 글쓰기가 멈칫거려진다. 그렇다고 너무 움츠리지 말자. 움츠려 뒤를 보이면 지는 거니까.

기본에 충실해야 하는 것이, 어디 설계와 수필창작뿐이겠는가. 내가 살아온 날들을 돌아보면 내가 살아갈 날들이 보인다. 나의 바람을 빌어본다. 모름지기 앞으로의 삶도 기본에 충실할 것을.

하루만 먼저

치매 앓는 할아버지와 지적장애 손자가 승용차 앞좌석을 서로 타겠다고 주차장에서 언성 높여 다툰다. 먼발치에서 이 모습을 지켜보던 Y선생님은 그러려니 한다. 사모님은 주위의 시선에 속이 상해 "그래, 나보다 하루만 먼저 가거라."라고 혼잣말을 한다.

다투는 할아버지는 Y선생님의 부친이고, 그 손자는 Y선생님의 아들이다. 손자의 귀여움에 할아버지가 들어줄 만도 한데, 아니면 연세 드신 할아버지가 원하시니 손자가 양보할 만도 한데. 화가 나서 핏대 세우는 실제 상황이 이미 익숙한 일상인 듯하다.

오랜만에 만나 점심을 함께한 Y선생님 가족과는 오래된 인연이다. 아이들이 아장아장 걸을 때 텐트를 준비해 가족 여행을 함께 다닌 적이 엊그제 같은데 벌써 30년 전의 일이다. Y선생님은 나의 직장 선배로 형님 같은 분이다. 처음 입사한 신참 시절 따듯하게 맞아 직무교육을 시켜주었다.

주변에 착하게 사는 사람이 있으면 '법 없어도 살 사람'이라 말한다. 내가 아는 Y선생님이 바로 그런 분이다. 항상 적당량의 생맥주를 즐기던 선생님은 퇴근 시간에 만나면 나를 술친구로 삼았다. 서로 집이 가까워 가족 왕래는 물론 아이들을 데리고 함께 캠핑을 즐겼다.

Y선생님은 종갓집 종손으로 자식을 둘 두었다. 몇 번 유산 끝에 태어난 첫딸은 안타깝게도 칠삭둥이다. 신생아 중환자실의 인큐베이터에서 백일을 보내며 열 달을 채웠다. 커가며 정신 발달이 늦어져 안타깝게도 지적장애 진단을 받았다. 평생을 보살핌 속에 살아야 하는 상황에 처한 것이다.

얼마 지나 선생님은 떡두꺼비 같은 아들을 얻었다. 경기도 고향에 조부모와 증조모까지 살아계셔서 큰 기쁨으로 경사를 치렀다. 한 집안의 웃음꽃으로 사랑을 독차지하며 자라 중학생이 될 즈음이다. 어찌 된 일인지 이 아들마저 조금씩 지적장애 증상이 나타나더니 결국 같은 진단이 나왔다.

이어지는 불운에 의욕을 잃은 Y선생님은 직장을 사직하고 가산을 정리하여 고향으로 갔다. 전자제품 일부를 만들어 대기업에 납품하는 작은 공장을 차려 운영하고 있다. 우리나라 장애아 시설이 열악한 현실이라 본인이 직접 참여 의지를 갖고 사회복지에 관심을 기울인다.

아이들이 어릴 적부터 왕래하여 서로 친하기에 가끔 Y선생님을 찾는다. 집은 넓은 잔디 정원을 품은 단아한 목조 주택이다. 여러 꽃나무가 뜰을 채우고 대문간에는 삽살개가 꼬리 흔들며 반긴다. 그런데 집안 분위기는 을씨년스럽다.

방은 정돈되어 청결하지만 온기가 보이지 않는다. 벽에 할머니 사진이 걸려있다. 눈에 넣어도 아프지 않을 손자 손녀를 두고 어찌 떠나셨을까. 성인으로 자란 남매는 덩치와 관계없이 여전히 어린애 수준에 머문 정신연령을 자신만의 속도와 리듬에 따라 움직이듯 덤덤하다. 푸른 잎 다 떨어뜨려 앙상해진 가지처럼 Y선생님의 처진 어깨는 쓸쓸하기만 하다.

다행히 남매는 어릴 적 추억을 기억하고 있다. 내 아이들과 함께 계곡에서 물장구치고 놀던 생각을 떠올리며, 왜 함께 오지 않았느냐고 묻는다. 차 타고 음식점을 오가는 동안 가요를 부르며 즐거워한다. 가끔 자기 방에 있는 노래방 기기에 맞춰 신나게 놀기도 한단다.

차 안의 분위기 돋워 노래를 함께 부르며 호응해 줬더니 차에서 내릴 줄을 모른다. 남매는 자신들의 죽음 이후 저들을 염려하는 부모의 속타는 마음은 아랑곳없이 노래 부르며 휘적거리는 손동작으로 은근히 흥겨워하는 눈치다. 애끓는 부모 심정을 알지 못하는 두 아이를 바라보고 있노라니 마음이 짠하다.

장애아를 보살펴야 하는 숙명으로 햇빛 한 번 맘껏 즐겨보지 못한 부모의 삶은 웃음을 잃은 지 오래다. 아니, 어차피 시간을 욕심내지 않는 삶이기에 허공에 뿜어대는 담배연기처럼 공허하고 무덤덤하다. 지금 Y선생님의 속내는 '나보다 하루만 먼저 가거라.'라고 말하는지 모른다. 사모님도 그러하다. 자신이 누구인지조차 의식하지 못하고 성년이 훨씬 지났지만 어린애 수준에서 성장이 멈춰 "엄마, 오늘 힘들었어?"라고 물으며 어깨 주무르는 아들 손에 그저 고마움을 느끼며 산단다. 욕심의 잣대를 벗어나지 않고는, 운명으로 새기며 받아들이지 않고는, 다 비우지 않고는 참기 힘든 삶이다.

내 삶이 느슨해져 있을 때마다 Y선생님께 다녀오면서 느끼는 감정이다. 나 혼자 누리는 행복인 것 같아, 나 혼자 누리는 편안함인 것 같아 늘 미안하다. 착하기 그지없는, 법 없이도 살 수 있는 Y선생님 부부의 현실을 생각하면 왠지 가슴이 먹먹하다. 오죽하면 자식에게 "그래, 나보다 하루만 먼저 가거라."라는 말을 할까. 신은 인간에게 감당치 못할 시련은 주지 않는다 했다. 그래서인지 Y선생님 부부는 그런 시련을 참고 견디며, 부모로서 끝까지 책임지는 노력을 다하고 있다.

돌아오는 길, 서늘한 바람이 차창에 스민다. '나보다 하루만 먼저….' 그 말이 자꾸 귓가에 맴돈다. 부디, Y선생님 가정에 신의 가호가 있기를 바란다.

평화의 소녀상 앞에서

평화의 소녀상(少女像), 그 옆의 빈 의자는 누구를 기다리는가? 일본군 위안부와 징용 피해자는 우리의 어머니요 아버지다.

나의 아버지는 강제 징용되었다가 해방되어 겨우 살아 돌아오셨다. 서울 종로 일본대사관 앞에는 참담한 상황을 겪은 평화의 소녀상이 있다. 소녀상은 김서경, 김운성 부부 조각가가 위안부 문제 해결을 촉구하는 수요 집회 천 회째인 2011년 12월 14일에 세웠다. 이 조각상에는 피해자들의 명예와 인권회복의 염원이 담겨 있다. 처음에는 비석을 구상했으나 설치 허가 문제가 대두하였다. 당시 종로구청장 김영종이 건축가로서 쌓은 미적 경험을 토대로 소녀상 예술작품 아이디어를 내 제작되었다.

입을 다문 채 눈을 똑바로 뜨고 일본 대사관을 보는 소녀상은 싹둑 잘린 단발머리다. 눈여겨보면 가지런한 단발이 아니라 군데군데 뜯겨나갔다. 당시 소녀의 머리는 결혼하지 않은 것을 알리는 길게 땋은 머리에 붉은 댕기를 매었다. 조선의 문화와 사상을 꺾고자 한 일제의 단발령은 망국의 상징이었다. 뜯긴 머리칼은 부모와 고향을 떠나 강제로 위안부가 되었던 소녀들의 아픈 흔적이다.

치마저고리 입고 차디찬 의자에 앉은 소녀상의 어깨 위에는 작은 새가 앉아 있다. 새는 동양의 관점에서 영매(靈媒) 역할이 있다지만 자유와 평화의 상징이기도 하다. 일본 정부가 아무리 압박하고 막으려 해도 숭고한 뜻을 가진 소녀상 건립운동은 멈추지 않는다. 어쩌면 어깨 위의 작은 새가 이승과 저승을 오가며 기운을 북돋워 주고 있는지도 모른다.

주먹을 꽉 쥔 손은 굳은 의지의 상징이다. 처음에는 최대한 감정을 억누르며 다소곳이 손 모은 형태로 제작했다. 소녀상 제작 과정에도 설치하지 말라는 일본의 망언과 압력은 계속되었다. 숱한 꽃송이의 순결을 난도질하고도 사죄할 줄 모르는 그들을 향해 진심어린 사과를 끝까지 받아 내겠다는 뜻을 담아 제작했다. 꼭 움켜쥔 두 주먹이 그 의지를 상징한다.

타국으로 끌려간 소녀들은 도망가지 못하게 신발을 빼앗겼다. 전쟁이 끝나 조국에 돌아왔지만, 당당히 발 디딜 수 없는 설움이다. 그리던 조국에 돌아왔으나 왜곡된 시선으로 사회에 속하지 못하고 반쯤 밀려나 살아야 했다. 아픔의 세월 속에 벗겨진 맨발은 여전히 땅을 딛지 못하고 들려 있다. 이제라도 뒤꿈치가 편안하게 닿을 수 있도록 맨발을 속히 감싸드려야 하지 않을까.

머리에 쪽을 찐 등 굽은 할머니 모습의 그림자는 현재의 아픔을 나타내고 있다. 오죽 쓰라렸으면 그림자조차 조각조각 파편이 되었을까. 참혹한 역사로 찢긴 할머니의 상처를 보듬어야 한다. 자세히 보면 할머니 그림자의 가슴속에는 하얀 나비가 한 마리 있다. 한이 맺힌 채로 돌아가신 할머니들이 좋은 세상에 다시 태어나 행복하기를 바라는 마음이다. 진정한 사죄 한마디를 기다리다 결국 한을 풀지 못하고 떠나신 영혼이다. '부디 가슴속 하얀 나비로 다시 돌아오소서. 차마 죽어서도 죽을 수 없는 할머니들의 한을 풀어 드리리다.'라고 마음속으로 되뇌어 본다.

전국적으로 평화의 소녀상 설치가 계속 늘고 있다. 산증인이신 할머니들이 한 분 한 분 떠나 이제는 몇 분 남지 않으셨다. 뜯긴 단발머리, 어깨 위의 작은 새, 꽉 쥔 주먹, 맨발과 온전히 딛지 못한 발꿈치, 파편화된 할머니의 그림자, 그림자 속 하얀 나비, 빈 의자….

꽃바람 타고 오는 봄의 길목에서도 나는 감히 소녀상의 목도리를 거두지 못한다. 토끼풀 꽃반지에 작은 소망 키우던 소녀의 꿈을 산산이 조각냈으니 아파도 얼마나 아팠을까. 소녀의 눈물이 보인다. 일본이 진정한 사과를 할 때까지 우리가 아픈 상처를 안아드려야 한다. 발길이 닿는 곳, 마음이 머무는 곳 어디든 소녀상과 함께할 것이다.

거짓에 속아 떠나던 날 마을 어귀까지 따라와 손 흔들던 어머니를 그리며 이를 악물고 견뎌낸, 아니 죽어간 소녀들이다. 나도 모르게 가슴이 먹먹해진다. 늦었지만 이제라도 괜찮다고, 살아있어 고맙다고 그들을 위로하고 싶다. 우리는 이들을 기억하는 것으로 그 빚을 조금이나마 갚아야 하지 않을까.

일본 정부는 쉽게 사과하지 않을 것이다. 오히려 이 소녀상 하나 어쩌지 못해 안달복달하는 치졸한 모양새다. 모든 죄를 사죄하는 마음으로 교육하는 독일과는 다른 길을 걷고 있다. 그들의 국민에게 일어난 일이었다 하더라도 그랬을까. 독립투사가 무덤에서 벌떡 일어나 도시락 폭탄 들고 달려들 일이다. 소녀상이 원하는 평화의 메시지를 더는 외면하지 않기를 바란다.

평화의 소녀상, 그 옆의 빈 의자는 누구를 기다리는가? 아픈 상처를 마음으로 보듬어줄 그 누구를 기다리는 것 아닐까.

나는 자전거다

어머니는 농번기를 제외하고 거의 매일 시장에 나가 채소를 파셨다. 우리 형제 학비 마련을 위해서다. 집에서 4㎞떨어진 곳에 시장이 있어 머리에 한가득 이고 가셨다. 그리고 남는 채소를 "자전거로 옮겨 도우라."며 아버지께서 내게 중고 자전거를 마련해 주셨다.

사춘기였던 나는 부모님 말씀에 거역하지는 않았지만 고생하시는 어머니를 기쁜 마음으로 돕지 않았던 것이 지금은 한없이 후회가 된다. 고교에 진학하자 아버지께서는 "지금부터는 어머니를 도우라 하지 않을 터이니 공부에 열중하라."며 짐을 운반하던 자전거를 팔고 통학에 편리하도록 신사용 자전거를 사 주셨다.

학교를 오가며 자전거 대리점을 지날 때마다 내가 아껴 탔던 중고 자전거가 눈에 띄었다. 먼지에 쌓여 구석에 세워져 있는 것이 안타까워, 결국 '사람도 늙으면 저렇게 되는 것일까?'를 생각하며 써 놓았던 글을 옮긴다.

나는 자전거다. 도로 양쪽으로 많은 사람이 오가고 있다. 여러 소음 속에 자전거 대리점의 수리공이 두드리는 망치 소리도 한몫한다. 한쪽 구석에는 임무를 다하느라 녹슬고 체인 벗겨진 자전거가 운명에 순응하여 조용히 눈을 감는다. 자전거에 나의 미래 모습을 비추어 본다. 나는 기꺼이 그 역할을 다하는 자전거가 되어야 한다.

대리점에 아버지와 아들인 소년이 들어서자 주인은 자전거를 사러 왔다는 것을 눈치 채고 웃으며 맞이한다. 신사용과 사이클용이 미스코리아로 뽑힌 양 반짝반짝 빛을 내며 날씬한 몸매를 자랑하고 있다. 건장한 체구를 드러내고 당당히 미스터코리아에 선발된 주인공과 같은 자전거도 있다.

여러 자전거 중에 녹슬고 체인 벗겨진 나도 구석에 있었다. 소년의 아버지는 유심히 살펴보더니 나를 선택하였다. 쌓인 먼지를 털어내고 타이어에 공기를 주입하는 등, 나는 간단한 수리를 마치고 착한 소년을 새 주인으로 맞은 것이다.

나의 하루 일과는 채소를 시장에 실어 나르는 것이 임무였다. 돌아올 때는 빈 대바구니를 싣고 털털거리며 돌아온다. 주인이 페달을 밟으며 부르는 콧노래를 들으면 함께 기뻐졌다. 소년은 가끔 시장에 다녀오면 냇가로 가서 바퀴를 물에 담그고 페달을 힘껏 돌린다. 물줄기가 뒤로 뻗쳐 나가는 것을 보면 소년은 어린애처럼 신이 나는 모양이다. 이렇게 목욕을 하고 나면 얼마나 시원한지 모른다.

동네 사람이 나를 빌려 이용할 때도 있다. 마음씨 착한 주인은 곧잘 남에게 빌려준다. 사람들은 주인처럼 나를 아끼는 것이 아니다. 함부로 다루기 때문에 다녀오면 심한 몸살을 앓고 나서야 회복된다.

내가 길가에 서 있기라도 하면 동네의 짓궂은 꼬마들은 페달을 끝없이 돌리는 장난을 한다. 거대한 몸체를 감당도 못하면서 끌어 본다고 하다 넘어뜨려 도랑에 박힐 때도 있다. 그러나 내 몸에 상처가 나고 더러운 오물이 묻어 있을 때마다 주인은 마사지해 주듯 헝겊으로 윤이 나게 깨끗이 닦아 준다.

세상에 태어나 처음으로 큰 슬픔을 맛았다. 나를 다른 사람에게 팔아 마음씨 좋은 주인을 잃었기 때문이다. 돈을 더 보태어 매끄러운 몸매가 좋았던지 신사용 자전거를 새로 샀다. 한때는 미스터코리아로 여러 사람의 사랑을 받았던 건장한 나였지만 이

제는 녹슬어 버린 고물 자전거가 된 것이다.

시간의 흐름에 따라 사람도 늙지만 사람이 만든 도구와 기계도 낡는다. 지난날을 뒤돌아보며 좋은 추억을 그리다 조용히 눈을 감으려 한다. 결코 큰 도구가 되어 이름을 남기는 것만이 값진 생은 아니라는 생각이다. 임무를 다하느라 녹슬고 체인 벗겨진, 수명을 다한 자전거는, 그 구실을 다했다고 자부할 수 있다면 영웅이나 위인 못지않은 한생을 산 것이 아니겠는가?

누구나 얻고자 하는 것이 있다면, 그에 대한 땀을 지불해야 한다. 그 땀은 나에게 또 다른 도전을 위한 디딤돌로 보답한다. 도전은 끊임없이 노력하여 자신을 성장시켜 나가는 것이다. 내가 재생으로 다시 태어나고 누군가가 힘차게 페달을 밟아준다면 또 다른 길을 달리고 싶다.

지난날을 돌아보니 나 역시 자전거였다. 지금 생각하니 사춘기에 노후 된 자전거를 보고 인생에 비유한 발상이 제법이다. 당시의 생각에 변함이 없는지 곰곰이 되새겨본다. 자전거에 나의 미래 모습을 비추며 살아온 것이다.

이 글은 자전거와의 대화이며 나와의 약속이다. 오로지 다리 힘만으로 앞바퀴와 뒷바퀴가 화합하며 굴러가는 두 바퀴는 정직하다. 앞으로도 계속 그렇게 달릴 것이다.

아빠, 나도 어른 되나 봐요

8월의 여름은 뜨거워야 제 맛이다. 지금 제 맛을 한껏 뽐고 있다. 견디기 힘들지만 여름다운 맛이 난다. 세월이 쏜살같다. 30년 전의 일이 마치 엊그제 같다.

내게는 다섯 살짜리 아들이 있다. 출근할 때면, "아빠! 안녕히 다녀오세요."라는 인사 끝에 돈 100원을 달라며 고사리 손을 내민다. 그러면 나는 몇 개의 동전을 손에 쥐여 주면서 "한 개만 과자 사 먹고 나머지는 저금통에 넣어라."라고 이른다.

마침 동전이 없을 때는 아빠가 회사에 가서 벌어와 저녁에 주겠다고 약속한다. 이런 생활이 얼마간 반복된 어느 날이다. 퇴근하여 집 앞 버스정류장에 내리니 아내와 아이가 마중을 나

와 있었다.

버스에서 내리는 나를 발견한 아들 녀석은 반가움에 큰소리로 "아빠! 돈 많이 벌어왔어? 돈 줘."라고 말하며 품에 안겼다. 정류장 주변에 있던 사람의 시선이 온통 우리 부자에게 쏠렸다. 마치 해외에 나가 몇 년간 돈을 벌어 돌아온, 부자간의 상봉으로 지켜보는 것 같았다.

그날 집에 돌아와 그런 말은 사람이 많이 있는 데서 그렇게 큰소리로 해서는 안 된다고 타일렀다. 군것질에 한창 재미가 붙은 때였는가 보다. 다음날 아침 눈을 뜨자마자 아들 녀석은 내 귀에 대고 "아빠! 돈 줘."였다. "그런 소리 하지 말라니까." 뒤따라온 대답은 "아빠가 사람들 없는 데서 말하라고 했잖아요."라고 속삭인다. 할 말이 없었다. 동전을 쥐어 주는 수밖에.

어느 날, 대학 은사님을 집으로 모셨다. 아내가 음식을 준비하는 동안 방에서 대화를 나누고 있었다. 그때 아이가 밖에서 놀다 들어왔다. 손님이 오시면 공손히 인사해야 한다고 가르쳐 왔다. 은사님께 정중히 절을 하도록 했다. 그런대로 예를 흉내 내었고 은사님도 상당히 기뻐하셨다.

그런데 잠시 후, 다시 들어온 아이의 양손에는 화투와 작은 담요가 들려있었다. 나는 당황하여 홍당무가 된 채 얼른 그것을 받아 다른 방에 가져다 두었다. 평소에 친구들이 놀러 오면 화투 놀이하던 것을 보고, 제 딴에는 아빠를 생각해서 가져온 것이었다.

나는 속으로 '이 녀석아! 이런 때 화투를 가져오면 어떡하니?' 아들 녀석의 말대답이 금방 들려오는 듯했다. '아빠는 사람들이 놀러 오면 화투 놀이했잖아요.'라고. 그 후로는 집에서 화투를 친 적이 없다.

아들이 다섯 살 때 가족끼리 집에서 멀지 않은 계곡에 놀러 갔다. 점심을 먹고 바위에 걸터앉아 계곡물에 발을 담그고 있었다. 아들 녀석이 물에서 놀다 신이 난 듯 달뜬 목소리로 "아빠, 나도 어른 되나 봐요."라고 소리쳤다. 나는 궁금해서 "왜 그러는데?"라고 물었더니, 제 발가락을 가리키며 "나도 털이 났으니까요."라고 말했다.

어쩌다 "아빠는 왜 손이나 발에 털이 많이 났어?"라는 질문에 "너도 어른 되면 털이 나는 거야."라고 말해 주었다. 자신의 발가락에서 작은 솜털을 발견하고 어른이 되어간다는 생각을 한 모양이다. 기뻐하는 아이를 보며 사는 행복을 느꼈다. 한편으로는 더 큰 책임이 어깨를 눌렀다.

아이는 어른의 거울이라는 말이 맞다. 평소 어른의 말 한마디나 행동 하나가 아이에게 어떻게 비치는지를 생활 속에서 느낄 때마다 더욱 조심스러웠다. 세상에는 난사람, 든 사람, 된 사람

이 있다고 했다. 내가 원하는 소망을 빌어본다. '아들아! 너는 된 사람이 되어라.'라고.

까만 옛날, 30년 전에 써놓은 글을 옮겨 보았다. 좋은 추억이었다. 아직 장가들지 않은 아들은 지금도 가끔 이야기한다. 아버지와 함께한 어릴 적 추억을….

돌아보니 오늘의 행복은 거저 주어진 것이 아니다. 아이가 태어나 돌이 지나기 전 요로 수술을 받아야 했다. 어려서 말 못하는 아들을 안고 치료기간 내내 아내는 아린 눈물을 흘렸다. 하얀 가운이 나타나면 기겁하여 엄마 품에 안기는 아이를 보며 건강이 회복되기를 간절히 빌었다.

당시 고열에 시달리는 아이를 잃을지도 모른다는 생각에 살려만 달라고 빌었던 것을 생각하면 지금 너무 감사하다. 감사하며 사는 것과, 그것을 실천하는 깨달음을 얻었다. 아들아, 너도 장가들어서 네가 원하던 어른이 되어 아버지가 느끼는 행복을 누리거라.

누구든지 자신의 가정이 평화로운 사람이 가장 행복한 사람이란다.

대학로 101번지

사무실에서 내려다보는 창경궁(昌慶宮)의 사계(四季)는 한 폭의 그림이다. 서울시 종로구 대학로 101번지 서울대학교병원. 여기는 창경궁 후원(後苑)으로 역사(歷史)의 숨결을 고스란히 품은 곳이다.

창경궁은 성종(成宗)이 기존 창덕궁(昌德宮)의 부족한 기능을 보완하여 세 분의 대비(大妃)를 모시고자 지은 궁궐(宮闕)이다. 문득 옛날로 시간을 되돌려 상상해 본다.

머리가 희끗희끗한 할머니 정희왕후가 상궁과 나인을 거느리고 나선다. 손자 성종이 조성해준 옥천교(玉川橋 : 보물 제386호)를 거닐며 살구꽃에 살며시 볼을 대본다.

병원 본관 뒤쪽 의과대학 구내에 함춘문(含春門)이 있다. 비운의 사도세자 신위(神位)를 모신 경모궁(景慕宮)이 함춘원(含春苑)과 담을 사이에 두고 나란히 있었다 한다. 현재 이곳은 경모궁이 사라진 지 오래고 구름 문양(文樣)이 새겨진 석단(石壇)만 남아 그 흔적을 알려준다.

뚜렷이 남아있는 네 계단의 석단을 바라보며 상상한다. 누런빛 곤룡포(袞龍袍)를 입은 노쇠한 영조(英祖)가 보인다. 아들 사도세자를 생으로 굶어 죽게 한 것을 후회하며 쓰러질 듯 비틀거리며 서 있다. 뒤이어 임금에 오른 정조(正祖)도 용무늬 수놓은 붉은빛 곤룡포를 입고 있다. 아버지의 죽음을 애달파 하며 내시(內侍)가 받쳐 든 일산(日傘) 아래 서 있는 슬픈 정조의 모습이 투영된다.

병원 본관 앞 대한의원(大韓醫院 : 사적 제248호)은 국가 전반의 재정을 맡아보던 중앙 관청인 탁지부(度支部)에서 설계 시공했다. 경성의학부를 통합하여 설립한 최초의 국립의료기관으로 서울대학교병원의 전신이다. 이 건물은 붉은 벽돌 조의 품위 있는 외형을 자랑하며 정면 중앙의 시계탑부와 입구에 지붕을 갖춘 현관구조로 인해 화려함이 돋보인다.

의료 혜택이 미치지 못하는 백성에 대한 고종(高宗)의 긍휼을 엿볼 수 있는 증표가 있다. 그것은 바로 선왕의 뜻에 따라 순종(純宗)이 내린 '대한의원 개원칙서(大韓醫院開院勅書)'다. 대한제국의 공식 기관임을 선포하는 문서로 의학사적 가치가 크다. 대한의원은 높은 수준의 서양의학을 시술하는 최초 병원으로 출발하여 현재와 같은 공공보건의료의 중추기능을 이어간다.

원래의 대한의원 지붕은 동판이었다. 그러나 군수품 조달에 혈안이 된 일제강점 말기에 동판을 거둬 가서 함석으로 대체되었다. 당연히 쉽게 녹슬어 비가 오면 빗물이 새는 불편을 겪어야 했다. 2001년 (주)풍산에서 기증한 동판으로 개수하여 현재의 아름다운 지붕을 유지하고 있다.

대한의원 2층을 새롭게 단장하여 상설 의학전문박물관을 개관하였다. 문서 및 의료기기 1,000여 점과 사료 8,000여 권을 소장, 근대의학 발달과 의료기기의 변천사를 한눈에 볼 수 있도록 전시하고 있다. 유물의 수집・전시・보존・교육을 담당하는 문화 공간으로 연간 1만 5천 명이 방문한다.

의학박물관에는 등록문화재 제449호로 지정된 '대한의원 개원칙서'가 있다. 또한 '대한의원 개원기념 사진첩', '지석영 친필서한', '의학부 해부학 교과서', '경성제국대학 의학부 1회 졸업앨범', '서울대 의과대학 1회 졸업증서' 등 희귀 진품이 전시되어 있다. 건물 밖에는 종두법을 도입, 보급한 근대의학의 개척자 지석영 선생 동상이 있다. 의도(醫道) 확립과 권리 옹호에 노력한 명주완 박사의 비석도 있다.

창경궁로 방향에서 병원 장례식장 입구로 들어서면 오르막 언덕길이 나온다. 중간에 이르면 콘크리트 구조물로 만든 흰색의 '이름 모를 자유 전사의 비'가 고즈넉한 언덕을 지키고 있다. 1950년 6·25때 북한 괴뢰군의 남침으로 서울 최후 방어선인 미아리고개가 뚫려 창경궁 앞까지 다다랐다. 당시 이곳에서 병원을 지키던 소대원 전원은 전투 중 장렬한 최후를 맞았다.

심지어 병원에 난입한 괴뢰군은 부상병과 일반 환자 1천여 명을 끌어내 총을 난사하여 학살하는 만행을 저질렀다. 젊은 나이에 조국을 지키다 목숨 바친 이들의 한 서린 현장이다. 이곳에서는 매년 현충일에 그 영령을 기리는 행사를 치르며 아픈 역사를 새긴다.

병원에 오면 상황에 따라 한두 시간 정도 지난 후에 이어지는 검사나 업무가 있다. 이때 무료하게 보내기보다 차분히 주변을 둘러보며 생각하는 여유를 가져보기 권한다. 그리하여 여기가 역사의 숨결을 품은 곳임을 느끼는 순간 놀랍게도 치유하는데 최적의 리듬을 갖게 될 것이다. 무엇인가 신뢰하려면 증명하는 역사가 있어야 하지 않는가?

옛 마등산 언덕에 1968년 기공하여 1978년 동양 최대 규모로 준공된 서울대학교병원은 조선사와 근·현대사의 발자취가 고스란히 남았다. 역사의 숨결을 품은 이곳에서 교육·연구·진료에 매진하여 오늘의 의학 발전을 이뤘다. 이미 세계 의료를 선도하고 있으니 노벨의학상 수상도 머지않은 일이다.

세월이 흐르면 오늘은 또 다른 역사로 남는다. 또 다른 역사로 남는 오늘, 나는 어디서 무엇을 했는가? 가능한 한 병원 현관에 붙은 기부자(寄附者) 벽(壁)에 이름 석 자라도 올려야 할 텐데…. 역사의 숨결에 아름다운 동행으로.

짚을 닮은 삶

혜화로터리 주변에서다. 지인을 만나 식사하고 나오니 '짚풀생활사박물관'이 시선을 끈다. 짚으로 만든 아기자기한 전시품과 옛 사진을 보니 마음이 편안하다. 그곳에서 짚을 닮은 부모님의 삶을 본다.

가을볕이 좋으면 마당에 멍석을 펴고 콩, 고추, 무말랭이 등을 널어 말린다. 멍석은 전체가 짚으로 만든 사각형과 원형 모양이다. 주로 초가집 굴뚝 허리에 보관하니 시커멓게 그을린 데도 있다. 한여름에는 마당에 멍석을 깔고 누워 마른 쑥 모깃불 연기를 마시며 쏟아지는 별을 헤아린다. 그해에 난 짚으로 만든 누런 새 멍석에 닿는 까끌까끌한 감촉이 그립다.

메주를 말릴 때도 짚이 필요하다. 십자로 짚을 엮어 메주를 세로로 세워 상부를 묶고 새끼를 꼬아 마무리한다. 처마에 긴 막대를 가로질러 고정하여 메주를 엮어매 말린다. 간장, 고추장, 된장의 원료인 메주는 자식들이 다녀갈 때마다 몇 덩이씩 가져간다. 부모님이 돌아가신 후 처마 밑에 주렁주렁 달리던 정겨운 사랑은 끊겼다.

어릴 적 시골집은 초가지붕이었다. 짚으로 이엉을 만들어 일꾼 여럿이 지붕을 인다. 가을걷이가 끝나면 찬서리 내리기 전에 겨우살이 채비를 한다. 옹기종기 모인 스무 집 중 반쯤은 노란 새 이엉이다. 남의 일하며 형편이 어려운 집은 그마저 매년 할 수 없어 거무튀튀한 헌 이엉 그대로 겨울을 난다.

초가집 뒤뜰에는 어머니의 몸가짐 닮은 정갈한 장독대가 있었다. 주위에는 닭 볏 모양의 붉은색 맨드라미가 활짝 피었다. 밑으로는 분홍, 흰색 등의 봉선화와 채송화가 장독대를 두르고 있다. 정월 그믐에 담근 간장독에는 숯덩이와 빨간 고추가 색을 바래며 맛있게 익어간다.

어머니는 장독을 사용하기 전 깨끗이 닦아 거꾸로 뒤집은 다음 짚에 불을 붙여 독 속에 넣고 휘휘 저어 소독한다. 간장을 담그며 속에 숯을 넣을 때도 빨갛게 달구어 담가 지지직거리는 소리가 난다. 날씨가 화창하면 장독 뚜껑을 열어 숙성시킨다.

헛청에서는 아버지가 쇠죽 끓일 볏짚을 작두로 썰고 계신다.

마당 한쪽에는 볏가리가 쌓여 초가의 이엉, 쇠먹이, 땔거리로 쓰인다. 삼태기와 가마니에 널린 녹두가 볕을 쬐고 있다. 장대에 수수가 걸렸고 어머니는 콩을 터신다. 언제 다시 굴뚝 냄새 맡으며 콩깍지와 보릿대를 아궁이에 타닥타닥 지펴 볼 날이 올 수 있을까.

장이 서는 날 시장에서 먹은 자장면 맛은 지금도 잊을 수 없다. 집에 돌아와 보릿대를 잘라 만든 여치 집도 생각난다. 마디의 줄기를 다듬을 때 말라있어 자꾸 부러져 물에 적셨다가 만든 기억이 난다. 마을에 아이가 태어나면 부정을 막고자 대문에 금(禁)줄을 쳤다. 짚으로 왼새끼를 거칠게 꼬아 아기의 성별에 따라 청솔가지·숯·고추·한지를 듬성듬성 꽂았다.

마을 야산 밑에는 상엿집이 있었다. 상여를 보관해 두었다가 마을에 초상이 나면 꺼내 사용하는 초막이다. 오가는 길에 그 옆을 지나려면 괜히 오싹하여 빨리 벗어난다. 자전거를 타고 비탈길을 오를 때는 영락없이 누군가가 뒤에서 당기는 것 같아 등줄기에 땀이 밴다. 상엿집의 지붕은 마을 어른들이 공동으로 이엉을 엮어 얹는다.

초가집, 멍석, 삼태기, 금줄, 달걀꾸러미, 하물며 굴뚝 옆의 흙벽을 따라 엮어 말린 누런 시래기 타래도 짚이 아니면 묘미가 없다. 농사지으며 짚과 함께 사신 부모님은 짚의 쓰임새를 닮으셨다. 지붕을 이뤄 비바람을 막아주고 자신을 태워 온기를 불어주며 불사른 검은 재는 거름으로 돌아가 새로운 탄생을 이었다. 유순한 성격에 모지랑숟가락처럼 자신은 다 닳아가며 자식을 키웠다.

짚을 닮은 삶을 살아온 부모님을 떠올리며 돌아본다. 나는 과연 그처럼 살 수 있을까? 단, 한 가지 유순한 성격이라도 닮았으면….

5.

아, 깨어났어요

살려야 한다. 확인 또 확인. 이곳은 생명을 구하는 최후의 보루이다. 수술 중인 환자의 현황을 알고자 보호자는 대기실에서 애태우며 전광판을 뚫어져라 지켜본다. 그들의 간절함에 기적으로 답해야 한다. 드러나지 않는 첨단공학의 위대한 힘이 수술실 곳곳에 갖춰져 있다.

쌍 결혼식

본의 아니게 형과 같은 날 같은 장소에서 결혼식을 올렸다. 먼저 작은형의 결혼 날짜가 정해져 청첩을 돌린 뒤였다. 하객은 전혀 알지 못하고 참석하였다가 졸지에 쌍 결혼식을 보게 된 것이다.

아버지의 회갑을 몇 개월 앞둔 시점이었다. 나를 부르시더니 "내년에 네 작은형 결혼할 때 너도 같이 하여 회갑 일에 세 며느리의 절을 모두 받고 싶다."라고 하신다. 큰형은 결혼을 하였고 작은형과 나를 당신의 회갑 전에 결혼시켜 회갑연에서 며느리의 절을 한꺼번에 받고 싶은 바람이 생긴 것이다. 그 바람의 원천은 사랑하는 아내를 일찍 여의고 홀로 남은 아비로서의 자식에 대한 책무를 서둘러 마치려는 깊은 속내였음을 세월이 흐

큰 지금에서야 가슴 저리게 느낀다.

학교를 졸업하고 조선업의 호황에 힘입어 H중공업에 취직되었다. 많은 인원이 동원되어 밤낮없이 배를 건조하였다. 당시 방위산업체에 근무하면서 해당 자격증을 소지하면 병역을 면제해 주는 제도가 있었다. 독신자 숙소를 제공받고 회사를 다니게 되어 너무 기뻤다.

어린 나이였으나 시간이 흐르면서 회사생활이 익숙해져 갔다. 그러나 모든 것이 순탄치만은 않다. 공업단지의 특성으로 월급날 이후의 도시 분위기는 흥청망청이다. 시내버스보다 회사 통근버스가 더 많다. 과연 내가 앞으로 이곳에서 아들딸 낳고 잘 살 수 있을지에 대해 점점 회의를 느끼기 시작했다.

결국 '휴직을 하고 군에 가느냐? 아니면 지금의 생활을 견디느냐?' 하는 기로에 서게 되었다. 심신이 힘들 때마다 위안이 되는 것은 어머니의 산소를 찾는 일이었다. 산소를 찾아 어머니께 말씀드렸다. '군에 다녀오겠노라고.' 대답 없는 어머니는 어느새 내 마음을 헤아리고 어깨를 두드리며 안아주시는 듯했다. 차마 떨어지지 않는 입으로 아버지께도 나의 결심을 말씀드렸다. 묵묵히 들으시더니 "네가 생각해서 결정한 일인데 어련하겠어. 걱정하지 말고 잘 다녀와."라고 하셨다.

곧바로 휴직을 신청하고 공군에 지원 입대했다. 훈련을 마치자 근무할 부대가 배속되었다. 그런데 공병 장교로 먼저 입대한 작은형이 우리 부대로 파견 나와 형제가 함께 근무하는 행운이 따랐다. 이미 어지간한 고생은 자신이 붙어 군 생활은 내게 고역이 아닌 휴식 기간이었다. 한미연합훈련인 팀스프리트(Team Spirit)작전 등의 추억을 남기며 군 생활을 마쳤다.

전혀 결혼이 준비되지 않은 상태에서 서울에서 직장을 다니고 있는 같은 또래 여성을 소개받아 만나고 있었다. 그런데 아무것도 없는 상태에서 갑자기 "작은형 결혼식 때 너도 같이 하라."라는 아버지의 말씀에 적이 당황했다. 고민 끝에 만나는 여성에게 생각을 전하니 대답이 없다. 침묵은 반승낙이라더니 며칠 후, 신부 측에서 결혼 패물을 준비하는 비용을 보내왔다. 아버지는 은근히 좋아하셨다.

1984년 신정 연휴 끝, 눈이 와도 그렇게 많이 올 수 있을까? 폭설로 하객은 결혼식장에 대부분 늦게 도착했다. 신랑 입장! 신부 입장, 주례사, 신랑·신부 퇴장으로 작은형의 결혼식이 끝나서 하객들이 일어서려는 순간, 곧바로 신랑 입장! 신부 입장, 주례사, 신랑·신부 퇴장의 순으로 나의 결혼식이 이어졌다.

하객은 일어서려다 엉거주춤 그대로 앉은 채, 두 사람의 결혼식이 치러지니 어리둥절해하였다. 뒤늦게야 같은 장소에서 형제의 결혼식이 연이어 진행됨을 알게 되었나 보다. 서로 놀라 얼굴을 쳐다보며 "쌍 결혼을 봉투 하나로 끝내게 되었다."라며 박장대소했다.

큰형이 은행에 합격해 축하잔치를 벌인 이후, 우리 집 마당에서는 3일간의 동네잔치가 이어졌다. 작은형은 지금도 "그때 함께 결혼식을 올리는 바람에 동생이 손해를 많이 본 것 같다."라며 미안해한다. 손해라 해본들 경제적인 것을 의미할 텐데 사실 형한테 말하지는 않았지만 더 힘든 일이 있었다.

"찬물도 위아래가 있다." 했기에, 동생이 먼저 아이를 낳을 수 없다는 생각이 들어 작은형수의 임신 소식이 있을 때까지 기다리느라 힘들었다. 아니, 조절하느라 힘들었다. 시간이 지나 작은형수의 임신이 확인되고서야 우리 부부의 시원한 성생활은 시작되었다.

어느새 가까운 듯 먼 이야기가 되어 버렸다. 작은형과 함께한 쌍 결혼식도 어제 일만 같은데…. 아버지도 어머니 계신 곳으로 가신 지 10년이 넘었다. 아버지, 어머니! 양지바른 고향마을에 누워계시니 따뜻하지요? 주말에 찾아뵐게요.

아빠, 지뢰 좀 제거해 주세요

큰애 방에 들어가 보았다. 벗어놓은 옷이 의자에, 침대에, 바닥에 제멋대로 널브러져 있다. 밟으면 안 되는 지뢰들이다. 아이 교육에 대해 처음부터 다시 시작해야 할까 보다. 더 큰 지뢰 뻥 터지기 전에.

사람은 생각과 가치관이 제각각이어서 자녀에 대한 교육관도 서로 다르다. 자라는 아이는 부모의 교육방식에 영향을 받아 성장한다. 부모와 심리적 거리를 유지하며 자신에 대해 이해하고 스스로 문제를 해결하는 자립심을 길러야 한다. 결국 교육은 부모의 도움 없이도 올바른 결정을 하고 인생을 살아갈 수 있는 어른으로 성장시키는 데 있다.

학벌을 중시하는 우리나라에서 가장 많은 자녀 양육 유형은

'헬리콥터 부모(Helicopter Parents)'다. 아이 주위를 헬리콥터처럼 빙빙 돌며 온갖 일을 챙겨 줘 붙여진 이름이다. "1시에 수업 끝난다고? 그럼 학교로 데리러 갈게. 바로 태권도 학원 가야지."라고 말하는 부모가 이에 해당된다.

'헬리콥터 부모'는 엄마의 뜨거운 교육열을 잘 나타내는 치맛바람에서 파생된 용어다. 아이의 숙제를 대신해 주거나 학교 측에 사사건건 간섭하기도 한다. 심지어 자녀가 취직하면 경력관리나 부서 배치를 조정하려고도 한다. 부모 없이는 스스로 할 수 없어 마마보이, 마마걸로 성장할 가능성이 높다.

미국 예일대 에이미 추아 교수에 의해 등장한 '타이거 마더(Tiger Mother)'의 유형도 국내에서 선풍적 인기를 끌었다. 말 그대로 호랑이처럼 무서운 부모를 뜻한다. "초등학교 때 반에서 꼴찌 하던 애가 S대 갔다더라. 너도 지금부터 열심히 해."라며 아이에게 강박감을 주는 부모가 여기에 해당한다.

에이미 추아 교수는 '타이거 마더'는 자녀를 성공의 길로 이끄는 길이라 주장한다. 실제로 엄한 부모 밑에서 자란 아이가 좋은 대학에 진학했고 고소득 직종에 종사하는 비율이 높다는 연구결과가 영국의 에섹스대학에서 밝혀졌다. 다만 사회적인 성공이 자녀의 행복을 보장하는지는 의문이다. 부모에게 억압받으며 자란 아이는 자존감이 낮은 어른으로 자랄 확률이 높기 때문이다.

바람직한 부모 유형으로 여겨지는 것에는 '등대 부모(Lighthouse Parents)'가 있다. 일정한 거리를 두고 자녀가 잘 성장할 수 있게 인도하는 부모를 말한다. 과보호하거나 일거수일투족을 감시하지 않는다. 억압하지 않고 스스로 인생을 살아가는 법을 터득할 수 있도록 양육한다. 등대는 적당한 거리를 유지한 채 항상 그 자리를 지킨다. 이처럼 관심을 갖고 자신의 능력을 발휘할 수 있도록 자율성을 부여해 준다. 자녀가 문제에 직면하더라도 직접적으로 도와주지 않는다. 경험을 통해 자립심을 키우고 건강한 어른으로 성장할 수 있게 한다.

요즘 대학생은 "학창 시절 사교육에 치여 내가 누구인가 고민할 겨를도 없이 모두가 똑같은 앵무새로 키워지도록 강요받은 느낌이다."라고 말한다. 부모의 계획과 주도 아래 사교육을 받은 학생은 부모를 원망하고 다시 떠올리기 싫은 상처로 여기는 경우가 있다.

정체성 혼란과 수동적 학습으로 후유증을 토로하는 학생도 있다. 대학 입학 후 본인이 "잘 만들어진 로봇 같다."라고 한다. 학원에서 알려준 것을 기계적으로 외우고 푸는 게 습관이 되어 무기력한 것은 사교육을 경험한 횟수가 많을수록 더하다. 합리적이지 못한 부모의 지나친 교육열이 획일적 인간으로, 수동적인 인간으로 길들이는 병폐가 되고 있다.

매년 봄이면 대학병원은 인턴을 마친 의사가 전공의 수련을 시작한다. 대부분 인기 진료과가 성적에 따라 선택되지만, 여기에도 본인 의지보다 극성스러운 엄마 입김이 작용한다. 일부이긴 하지만 평생의 진로 선택을 엄마가 하고 엄마의 만족을 기하는 삶을 자녀가 대신 살아간다.

얼마 전 웃지 못 할 얘기가 보도되었다. 육군 공병부대에서 지뢰 제거 작전을 앞두고 장병 부모에게 동의서를 받았다 한다. 아주 훌륭한(?) 군대다. 이렇게 가다가는 군에 있는 자녀에게 "너 지난주에 왜 젖 먹으러 안 왔니?"라고 묻거나 "이번 주에 아빠가 지뢰 제거하러 갈게."라고 할지도 모른다.

자녀교육 방법은 어느 방식이 절대적으로 옳다고 말하기 어렵다. 최근에는 '드론 부모(Drone Parents)*', '제설기 부모(Snowplow Parents)*', '잔디 깎는 기계 부모(Lawnmower Parents)*', '불도저 부모(Bulldozer Parents)*' '스칸디 맘(Scandi Mom)*'까지 등장했다.

사실 나는 할 말이 없다. 아이들이 '커 가는' 모습을 바라보기보다는 '키울' 생각을 했던 오류투성이다. 큰애 방에 널브러진 옷가지를 보면 더욱 그렇다. 오늘따라 "아빠, 지뢰 좀 제거해 주세요."라는 아우성이 들리는 듯하다.

*드론 부모: 티 내지 않고 조용히 자녀 주변을 맴돌며 주위 사람이 눈치채지 못하게 돌봄.

*제설기, 잔디 깎는 기계, 불도저 부모: 자녀가 성공에만 집중하도록 걸림돌이 되는 모든 것을 제거해 줌. 부유한 집안의 흔히 말하는 금수저로 군대 문제까지 해결해주는 부모.

*스칸디 맘: 타이거 맘과는 반대로 아이가 잘하는 것을 키워내는 조력자로 자녀와의 정서적 교감, 합리적 교육을 중시하는 30대 젊은 엄마.

그리움

몇 시나 되었을까. 훅 불어오는 바람과 함께 작은 물방울이 얼굴에 달라붙는 차가운 느낌에 눈을 떴다.

후드득, 단비가 창문을 두드린다. 창틀에 부딪힌 빗방울이 바람 타고 날아와 잠든 나를 깨운다. 일어나 창문을 닫으며 아파트 마당을 내려다본다. 놀이터 미끄럼틀 지붕 위에 빗방울이 톡톡 튀고 있다.

간밤 후텁지근한 날씨로 뒤척이다 늦게 잠들었다. 한번 잠들면 좀처럼 깨지 않는 내 습관을 아내는 늘 부러워한다. 그런데 오늘은 웬일인가. 일찍 일어나 새벽 풍경을 다 보다니. 단비 덕분이다.

눈뜬 채 꿈속에 젖는다. 단비가 내리면 농촌은 바빠진다. 아버지는 서둘러 들에 나가 논배미에 물을 가둔다. 물이 새지 않도록 논둑을 다져주고 넘치려 하면 물꼬를 터준다. 날이 밝아 어린 내가 일어나면 어머니는 부엌에 계시고 아버지는 그때쯤 흐뭇한 표정으로 돌아오신다. 가뭄에 논물을 대는 것이 자식 입에 밥숟가락 들어가는 것만큼 흐뭇하셨던 게다.

온몸이 빗물에 젖어 송송히 맺혀 스미는 누런 밀짚모자 하나가 아버지께는 가림막의 전부다. 삼베적삼 윗도리와 무명바지에서 빗물이 줄줄 흐른다. 신발은 고무신이거나 맨발이다. 가뭄 끝에 내린 단비이니 얼마나 귀하고 반가우셨으면 검게 그을린 아버지 얼굴이 밝기만 하다.

아침 한술 뜨고 나면 밭으로 나가신다. 싹을 틔운 고구마 줄기를 잘라 물기 먹은 흙에 심는다. 이즈음이면 비탈밭에는 자주색과 백색의 청초한 감자 꽃이 핀다. 감자를 캐고 밭을 일구어 놓았다가 또다시 단비가 내리면 들깨를 심는다. 어린 나도 일손이 되어 웃자란 깨 모종을 한 걸음마다 놓아두면 부모님은 뒤따라 심으신다. 쫄랑쫄랑 따르는 우리 집 강아지가 젖은 몸을 털어낸다. 부모님은 말썽 부리는 강아지를 저리 가라 쫓으시며 그제야 허리를 한번 펴신다.

새벽 시간, 도시를 적시는 단비다. 아무리 요란한 비가 와도 도시는 그대로이다. 주차장을 거쳐 승용차를 타고 가서 엘리베이터에 오르면, 비 한 방울 맞지 않고 사무실에 출근한다. 그런데 개운하지 않은 것은 왜일까. 삼베적삼에 무명바지, 고무신이나 맨발이 아닌데도 불편한 것은 왜일까. 창문에 기대어 빗방울을 맞아본다. 선잠에서 깨면 그 이유를 알 수 있을까 해서다.

부모님은 나를 고구마 줄기처럼 뻗게 해주셨다. 감자처럼 하얀 꽃도 피게 해주셨다. 주렁주렁 결실을 맺게 해주셨다. 풍성한 들깻잎처럼 키워주셨다. 풍족하게 드시지 못하고, 좋은 옷 입어보지 못하고, 분 한번 제대로 바르지 않고 뒷바라지 해주셨다. 거센 비바람을 온몸으로 막아 주셨다.

도시의 불빛이 단비에 젖는다. 차량도 젖어 달린다. 빗물 가르며 달리는 소리마저 흠뻑 젖어있다. 내 마음도 촉촉이 젖는다. 쩍쩍 갈라진 농토에 빗물이 스며들 것이다. 목 타는 대지가 엄마 젖을 먹듯 물을 흠뻑 들이켜고 푸르른 빛을 낼 것이다.

저 하늘에서 웃음 띤 부모님이 지켜본다. 단비를 기다린 바로 그분들이 더없이 좋아진 세상에서 함께하고 있지 못한 현실이 아쉽다. 후드득~ 후드득~ 여전히 단비가 창문을 두드린다.

이 새벽에 들리는 빗소리가 정겹다. 들깨 심던 부모님이 그립다.

이방인의 사부곡(思父曲)

유엔기념공원, 작은 비석 앞에 한 노인이 무릎을 꿇는다. '아버지, 안녕히 계세요. 저는 이만 돌아갑니다.' '그래, 잘 가거라.' 매일 찾은 아버지 묘지에 꽃을 올리며 콧수염의 노신사가 작별 인사를 나눈다.

인천공항 출입문이 열린다. 두 노인이 환한 미소를 지으며 서로 끌어안는다. 한국전쟁 때 헤어진 캐나다인 형 앙드레 씨와 이복동생 레오 드메이 씨다. 백발노인이 되어 60년 만에 만나 도저히 믿기지 않는 모습이다.

이들의 아버지는 한국 전쟁에 참전한 앙드레 아델라드 레짐발드 씨로 1952년 전사했다. 이후 두 형제는 각각 다른 가정에 입양된다. 이들은 피를 나눈 형제임에도 서로 다른 입양기관에서 성장하여 형제가 있는 줄도 모르고 살았다. 형제는 유엔기념공원에 안장된 유족을 초청한 국가보훈처의 주선으로 아버지가 묻힌 한국 땅에서 처음 만난다.

6・25전쟁 중 아버지가 전사할 당시 동생 레오 드메이 씨는 엄마 배 속에 있었다. 입양 50여 년이 지나 다시 생모를 만나면서 아버지의 존재를 알게 됐다. 2007년 유엔 은퇴 군인 재방문 프로그램에 참가하여 유엔기념공원에 안장된 부친의 묘소를 찾았다. 얼굴도 모르는 아버지를 이역만리 한국 땅에서 이름 하나 새겨진 비석으로 만난 것이다.

레오 드메이 씨는 아버지 곁에 머물고 싶어 2008년 아예 부산으로 왔다. 한국에서 영어 강사로 생활하며 일주일에 두어 번씩 공원을 찾아 아버지를 만났다. 그의 소식이 알려져 유엔기념공원 국제협력실장에 임명되었다. 해외 참전국과 연락하고 방문 프로그램에 대한 협의와 귀빈 안내 일을 하는 곳이다.

그의 일과는 회의자료를 만들고 각국의 방문자에게 유엔기념공원을 소개한다. 기일을 맞은 용사의 무덤에 찾아가 고인의 이름을 크게 불러주는 것도 중요한 일과다. 공원을 관리하는 동료들은 그가 빈틈없이 일을 잘 처리하는 분이라 한다. 서툰 한국어 인사를 건네며 스스럼없이 다가오는 소탈한 동네 아저씨 같은 면모다.

지난 10년간 유엔기념공원 국제협력실장으로 일해 온 그가 마지막 근무를 하고 캐나다로 떠난다. 출국하는 날 아침에 출근해 아버지께 꽃을 드리며 인사한다. 그는 곧 돌아가지만 처음 아버지 앞에 꽃을 놓던 순간을 잊지 못한다. 전사한 아버지를 매일 만나고 싶어 한국에 온 레오 드메이 씨다. 그가 부르는 절절한 사부곡에 위로의 뜻을 실어 답가를 드린다.

아버지 떠나실 제 복중(腹中)에 있던 아기
이국땅 유엔묘지 육십 년 지난 상봉
그리워 찾아온 발길 한(恨) 달래고 갑니다.

캐나다로 돌아가는 레오 드메이 씨의 앞날에 신의 가호가 있기를 빈다. 알지도 못하는 나라의 평화를 지키고자 젊음을 바친 앙드레 아델라드 레짐발드 씨와 같은 많은 외국 참전용사를 우리는 기억해야 한다. 그 숭고한 희생에 깊이 감사해야 한다.

아, 깨어났어요

- 첨단공학과 수술실 -

환자가 수술실로 밀려온다. 자동문이 스르륵 열린다. 순간 긴장한 환자의 몸에 한기가 확 스민다. 피, 땀, 눈물 그리고 매 순간 기적이 일어나는 곳. 이곳은 인간의 존엄성을 최고의 가치로 여기는 첨단공학이 갖춰진 수술실이다.

전날부터 금식하며 기다린 환자는 '수술은 잘 될까.' '마취는 잘 깨어날까.' '심하게 아프지는 않을까.' 등을 걱정하게 된다. 마스크와 수술용 모자를 쓰고 분주히 움직이는 의료진은 아무런 감정조차 없는 매정한 사람으로 보인다. 환자의 코와 입에 호흡기용 마취 마스크를 씌우고 "숨을 크게 쉬세요."라고 말하는 동안 환자는 의식을 잃는다.

수술실에 들어서는 의사의 모습은 한결같다. 손등을 보이며 양팔을 들어 올린 채 들어선다. 그것은 세척된 손에 오염물질이 흐르지 않게 하려는 것이다. 초현대적 시설을 갖춘 병원에서도 성공적인 수술의 가장 기본은 첫 번째 단계가 손 씻기이다. 세척용 솔을 이용해 손톱 사이사이를 씻는다. 깨끗이 씻은 손에 소독된 수술용 장갑을 낀다.

공학적인 측면에서 수술실의 조건이 건축학적으로는 의료장비 설치에 따른 충분한 층높이 확보가 필요하다. 벽과 천장은 밝은 색으로, 바닥은 어두운색으로 마감한다. 재료는 이음새 없이 방수, 방음이 되고 무광택이어야 한다. 병원체의 번식이 없도록 방균 페인트를 사용한다. 수술실 출입문에는 안쪽 상황을 파악할 수 있도록 관망창이 있어야 한다. 문은 손을 대지 않고 개폐되는 장치를 한다. 청결구역과 준 청결구역을 기능적으로 뚜렷이 구분한다. 각종 설비라인은 매립형으로 한다. 소독 및 청결물품 창고는 외부 동선과 격리되어야 한다.

기계설비학적으로는 실의 특성에 맞는 압력을 유지하여 공기 흐름에 따른 2차 오염을 방지한다. 공기 순환은 전외기방식을 채택하고 일반 수술실의 청정도는 Class* 10,000, 무균수술실은 Class 100~1,000을 유지한다. 감염예방을 하고자 실내 온도는 20~22℃를 유지한다. 심장을 수술하는 저체온 수술실은 18~20℃를 유지하여 혈관의 수축을 돕는다. 무균수술의 기본적 장비인 스크럽 싱크를 설치하여 손을 씻을 때 감염되지 않도록 한다. 의료가스는 O(산소), V(진공), A(공기), N2O(아산화질소 마취제), N2(질소)를 공급한다. 감염 환자 수술실은 음압*을 유지하여 2차 감염을 방지한다. 급수용과 기타 용수 배관을 구분한다.

전기학적으로는 각 수술실에 비접지방식 전원을 공급하여 누설전류에 의한 환자의 안전을 지킨다. 무정전전원장치를 개별로 설치하여 사고 발생 시 타 수술실에 미치는 영향을 최소화한다. 외부로부터의 전자파를 차단하여야 한다. 열이 발생하지 않고 그림자가 생기지 않는 무영등을 설치한다. 수술실 내 전위차가 발생하지 않도록 접지 시설을 하고, 의료가스 인입구와 콘센트는 바닥에서 1m 이상의 높이에 설치한다. 입구에는 수술 표시등과 살균등을 설치한다. 내부의 조명은 1,000~1,500럭스로 한다. 국부조명은 20,000~100,000럭스로 하며 조절이 가능해야 한다.

통신 설비는 실시간 수술 장면을 다른 장소에서 영상과 음성을 전송하여 병원 간에, 의료진 간에 교육 및 회의를 할 수 있도록 한다. 마취과, 병리과와 통화할 수 있는 전용 인터폰을 설치한다. 인터폰은 Foot(발) 또는 Arm(팔) 방식으로 작동되도록 하고 긴급통화용 벽걸이 전화를 별도로 설치한다.

자르는 자, 꿰매는 자, 없애려는 자, 이으려는 자, 죽어가는 자와 살리려는 자. 이 모든 사람의 열정과 바람이 차갑게 그리고 선명하게 스며있는 곳. 여기가 바로 수술실이다. 의료진을 감정조차 없는 매정한 사람으로 보지만 실수 없는 수술을 하는데 긴장의 끈을 놓지 않는 사람들이다.

살려야 한다. 확인 또 확인, 이곳은 생명을 구하는 최후의 보루이다. 수술 중인 환자의 현황을 알고자 보호자는 대기실에서 애태우며 전광판을 뚫어져라 지켜본다. 그들의 간절함에 기적으로 답해야 한다. 드러나지 않는 첨단공학의 위대한 힘이 수술실 곳곳에 갖춰져 있다.

첨단공학과 수술실. 떼려야 뗄 수 없는 첨단공학과 의술로 "아, 깨어났어요?"라는 기쁨의 탄성은 오늘도 이어진다.

*Class: 1 ft^3(약 0.3m) 중에 0.5㎛ 이상 크기의 입자가 몇 개 포함되어 있는가를 표시하는 미연방규격 기준.(U.S.Fed.Std)

*음압: 압력이 외부보다 낮아서 밖의 공기가 안으로 밀려들어오는 상태.

인정이 모이는 웃음꽃 장터

텅 비었던 아파트 지상 주차장이 시끌벅적하다. 관리사무소에서 알뜰장터를 연다고 안내방송을 한다. 방송 끝에 칼을 갈아준다는 말에 귀가 번쩍 뜨인다.

아내는 주말 봉사를 나가고 나 혼자 있던 터라 식칼을 찾아 집을 나선다. 예전에 시아버지가 마당의 수돗가에서 숫돌에 부엌칼을 갈아주는 모습을 보아왔던 아내는 나에게 "칼도 한번 갈아주지 않는다."라는 핀잔을 가끔 한다. 그러니 아내 없는 동안 깜짝 선물로 '잘 됐다.' 싶어 나선 길이다.

제법 넓은 공간에 장이 열렸다. 한쪽에는 주부들이 레인지에 불판을 얹어 먹을거리를 만들고 있다. 맞은편에는 생활용품과 장난감, 제법 쓸 만한 물품 등이 놓여있다. 그늘을 따라 학생들도 나서 중고품을 늘어놓고 손님을 기다린다. 화단 옆 정자에는 어르신들이 파전에 막걸리를 잡수며 담소 나누는 모습이 평소 느끼지 못한 분위기다.

조금 떨어진 천막에는 줄을 서 있다. 두 분이 앉아 전동 칼갈이에 크고 작은 칼을 갈아주기에 바쁘다. 가져간 세 개의 칼을 갈고 나서 비용을 물으니 무료라 한다. 도와주는 분이 어떤 사람인지 궁금하여 확인하니 관리사무소에 근무하는 직원이란다. 자주 만날 기회가 없어 서로 알지 못하지만 주민 편의를 제공하는 수고가 새삼 고맙다.

둘러보니 아는 얼굴이 보인다. 엘리베이터에서 만났던 몇 분과 인사하며 손을 잡았다. 입주 초기부터 살면서도 초면이나 다름없다. 노릇노릇 익은 고소한 호박전에 막걸리를 권한다. 충분히 친해질 수는 없지만 이런 자리를 통해 주민 간에 배려하는 마음을 가질 수 있어 좋다.

내가 어릴 적에 시장을 다녀오시는 아버지의 빈 지게에는 생선이 매달려 있었다. 돌아보니 아버지는 어머니 일을 자주 도우셨다. 마당에 수도가 놓이기 전까지 우물물을 길어 큰 물동이를 가득 채워 주셨다. 삽자루를 거꾸로 눕혀 손잡이에 숫돌을 세워 식칼을 갈았다. 대야에 물을 담아 숫돌에 뿌리며 엄지손 마디로 날이 섰는지 확인하시던 모습이 떠오른다.

술 한 잔 나누며 주민과 서로 트고 지내기에는 이런 행사가 안성맞춤이다. 내가 직접 간 것은 아니지만 무뎌진 칼을 갈아 처음으로 아내의 바람을 들어주어 뿌듯하다. 더욱이 부모님을 그릴 수 있는 이 시간이 행복하다. 다름 아닌 일석이조로 인정이 모여 웃음꽃 피는, 기분 좋은 날이다.

곰곰이 생각해보니 식칼은 가족에 대한 아내의 무한 사랑이 배어 있다. 매일 음식을 준비하는 아내는 식칼과 함께 산다. 큰 식칼은 채소와 고기를 썰거나 생선을 다듬고, 작은 창칼은 과일 등을 깎는 데 사용한다. 식칼이 잘 들어야 아내가 가족에 대한 무한 사랑을 쏟는 데 힘을 덜 수 있다.

이웃 간의 인정이 팍팍하다는 아파트에서도 지내기에 따라 얼마든지 웃음꽃을 피울 수 있다. 관리사무소 직원처럼 묵묵히 최선을 다하는 모습이 고맙다. 일상의 하루를 보내며 친근한 정이 있어 이곳에 사는지도 모른다. 서로 양보하면 우리네 삶이 얼마든지 정겨울 수 있다. 앞으로 만나는 사람마다 먼저 인사하고 수고하는 분께 감사한 마음을 전해야겠다.

아파트 담장 따라 붉게 핀 장미꽃이 아름다움을 뽐내고 있다. 아무리 아름다운 꽃이라도 사람의 웃음꽃보다 아름다울 수는 없지 않은가? 피어라, 활짝 피어라. 인정이 모이는 우리 동네 장터에 웃음꽃이.

바보 장군과 임금

우리나라의 위대한 인물은 여럿이다. 그중 나라를 지켜낸 인물로 으뜸은 충무공 이순신(1545~1598)이다. 그를 다시 생각한다.

임진왜란이 일어난 1592년 4월. 왜군은 두 달도 안 돼 전 국토를 초토화하며 평양까지 북상한다. 임금은 의주로 피난했어도 하늘은 조선을 버리지 않는다. 이순신 장군은 거북선을 앞세운 '학익진(鶴翼陣)'으로 왜군을 대파한다. 그러나 삼도 수군통제사로 해전의 승리가 거듭될 때 전공을 시기한 사람들과 왜군의 흉계로 모함을 받아 억울하게 갇힌다.

장군은 부산 진공 작전을 마치고 한산도로 돌아오던 중 체포된다. 당시의 한산도 통제영은 조선 수군의 사기와 위용이 최고

일 때다. 그럼에도 원균 지지파의 모함을 받아들인 선조의 오판이 원망스럽다. 왜적이 가장 무서워하는 장수를 잡아들이다니. 참으로 바보 임금 같다.

장군이 의금부 감옥에서 석방된 날이 1597년 4월 1일이다. 만약 모함에 의해 처형되었다면, 그 이후에 벌어진 해전은 어찌되었을까. 상상하기조차 두렵다. 바보 같은 임금으로부터 '백의종군'하라는 교지를 받고 남해안으로 향하던 장군은 중도에서 어머니의 부고를 받는다.

장군의 어머니는 전라도에 머물다 옥살이하는 아들을 면회가던 중 병환이 도져 배 안에서 돌아가신다. "세상 천지에 나 같은 일을 겪을 수도 있을까. 일찍이 죽는 것만 같지 못하다."라고 이순신은 한탄한다. 겨우 사흘을 얻어 장례를 치르고 다시 남쪽으로 향한다. 이렇게 우직한 바보 장군이다.

우리는 지금까지 조정 중신 정탁이 올린 상소문이 장군을 구한 것으로 알고 있다. 정탁의 문집 속에 「논구이순신차(論救李舜臣箚 · 이순신을 논하여 구하려는 상소문)」의 전문이 있다. 그 문장 위에 "임금에게 올리지 않았다."라고 밝혀져 있으니 선조가 받아본 적이 없는 상소문이다.

장군이 살아난 실제 이유는 후임자 원균의 거짓 전공(戰功) 보고 때문이다. 임무를 시작한 원균은 거제도 앞바다에서 적선 3척을 깨뜨렸다며 적의 수급 47급을 보내온다. 선조는 원균이 무용을 떨쳤다며 포상을 한다. 나중에 알고 보니 전투가 아니라 아군의 허락을 받고 벌목하러 간 왜군을 몰살해서 목을 벤 것이었다. 겁이 많은 임금은 눈치도 빠르다. 거짓 보고와 잇따른 패전으로 자신의 '이순신 평가'가 큰 오류임을 그제야 깨닫는 바보 임금이다.

변명할 말이 궁하던 선조는 교서(敎書)에서 "지난번 경의 관직을 빼앗고 죄를 주게 한 것은 사람이 하는 일이라 잘 모르는 데서 나온 것이오. 그래서 오늘날 패전의 욕을 보게 된 것이니 그 무엇을 말할 수 있겠소."라며 얼버무렸다. 솔직하지 않은 임금은 진짜 바보다.

통제사에 재임용된 그는 남해를 두루 살폈으나 남은 군사 120명에 배 12척이 전부다. 그럼에도 실망하지 않고 조정의 만류에도 불구하고 바다에서 적을 맞아 싸울 것을 결심한다. 명량에서 133척과 대결하여 31척을 격파하는 승리를 거둔다. 참으로 충성스러운, 바보 장군답다.

1598년 11월 19일 남해의 노량에는 찬바람이 분다. 퇴각하려는 500척의 적선이 집결해 있다. 싸움을 피하는 명나라 수군제독을 설득하여 공격에 나선다. 장군은 함대를 이끌고 물러가는 적선을 향해 맹공을 퍼붓는다. 전세가 기울어 감당할 수 없는 왜군은 처참히 부서진다.

선두에 나서 지휘하던 장군은 애통하게도 적의 유탄을 맞는다. 죽는 순간까지도 "싸움이 바야흐로 급하니 내가 죽었다는 말을 삼가라." 하고 눈을 감는다. 오호라, 끝까지 바보이기를 고수한 장군이다.

책임은 고독하고 의인의 길은 외로운 것인가. 생각이 곧고 느낌이 풍부한 사람으로서 오죽했을까. 지천명을 넘어 누명을 쓰고 오랏줄에 묶여 견딘 고통은 얼마나 힘들었을까. 국문의 후유증에서 회복하기도 전에 모친상을 당하고 통제사의 중책을 다하는 심정은 어땠을까. 그래도 그 조정에 충성하고 전쟁터에 나서다니. 장군은 정녕 바보다. 너무나 충직한, 아니 너무나 인간적인 바보다.

깊은 밤 수루에 홀로 선 장군을 생각하며 그 고독을 시조(時調)로 읊어본다.

여해(汝諧)*는 효자이다 어머니 사랑하는
여해는 충신이다 나라를 생각하는
터져라 북을 치다가 따르리라, 어머니!

바보 장군 이순신. 이 나라를 지켜낸 존경의 으뜸 인물. 그는 바보 아닌 바보로 살다간 불멸의 영웅이다.

*여해(汝諧): 어머니가 지어준 충무공 이순신 장군의 자(字). '오직 너(汝)라야 세상이 화평케(諧) 되리라.'라는 뜻.

부채 사랑

책을 내려고 출판사를 찾아갔다. 문학행사장에서 뵈었던 문단의 원로 S선생님께서 맞아 주었다. 안주인인 수필가 W선생님은 수시로 드나드는 문인들께 차를 끓여내기 바쁘다. 왠지 차향과 함께 깨가 쏟아지는 냄새가 물씬 난다.

이곳에는 원로시인과 여류수필가가 부채를 통해 22년의 나이 차를 극복하고 행복하게 살고 계신다. 위치는 서울시 종로구의 성균관대학교 후문 부근으로 뒷마당에 창경궁의 경계인 돌담이 있다. 그 담의 기단석(基壇石)에는 조선 시대의 군영 터인 '訓鍊都監(훈련도감)'이라 새겨져 있다.

두 분이 알콩달콩 지내시는 현재의 출판사가 조선시대에 오군영(五軍營: 훈련도감, 총융청, 수어청, 어영청, 금위영을 말함)의 하나가 있던 자리다. 수도 경비와 삼수군(三手軍: 포수, 살수, 사수) 양성을 맡아보던 군영으로 선조 때에 설치하여 고종 19년(1882)에 없앴다. 그 정기를 이어받아 이 터에서 훌륭한 문학가를 많이 배출하기를 갈망한다.

두 분의 만남을 알고 보니 '부채 사랑'이라 해도 지나치지 않다. S선생님은 부채를 편 바탕에 그림과 함께 사랑하는 사람이 쓴 수필 한 구절을 담아 "꼭 전해 줄 게 있다."라는 핑계(?)로 6년여를 공들였다. 불타는 마음을 천천히, 아주 천천히 부채에 담아 전했다. W선생님이 부채를 받아 사용하면서 피부에 닿는 바람의 의미를 아는 데는 많은 시간이 걸렸다. S선생님이 워낙 인심 좋기로 소문난 데다 문단의 큰 어른이시니 그냥 격려의 뜻으로 여긴 것이다.

S선생님은 무려 아흔일곱 번씩이나 부채를 전하셨다니 꽁꽁 언 얼음도 녹일 기세다. 부채를 전하고 돌아서는 S선생님의 고독과 열정을 W선생님은 알게 된다. 그 뜻을 알고 나서 곧 어둠이 닥칠 저물녘에 다시 사랑을 시작하는 데는 큰 용기가 필요했으리라. 다가온 운명을 결정하기까지 오랜 시간을 앓았을 것이다. 세상에 드문 '부채 사랑'을 시조로 읊는다.

끝없는 부채 선물 육 년의 구애 끝에

창경궁 돌담 곁에 둥지 튼 보금자리
세월아! 두 분을 위해 느릿느릿 가거라.

턱없는 짧은 시간 탓하지 말자구나
억겁의 세월 속에 이제라도 닿은 인연
피어라! 영원의 사랑 약속받은 날까지

이제는 눈빛만으로도 가슴이 보이고 숨소리만으로도 영혼이 들리는 부부이기에 언젠가는 맞게 될 이별을 미리 헤아리며 서로 등을 기대고 사는지도 모른다. S선생님께서는『내 안 뜨거워』라는 시조집으로 에둘러 사랑을 표현하셨지만, W선생님도 그에 못지않다. 오죽하면 '내 목숨을 떼어 당신 목숨에 잇댈 수만 있다면….' 하고 바랐을까. 가히 창경궁 돌담처럼 단단한 사랑이다.

출판사 사무실은 아기자기하다. 책장에 놓인 나무로 깎은 새, 주물로 만든 거울, 모형 자전거, 색색의 연필에서 안주인의 손길을 느낀다. 늦게 만난 사랑을 잇고 싶은 간절함이 배어 있다. 은은한 차향이 풍긴다. 사랑에 때가 있나요? 부채 사랑. 사랑에 나이가 있나요? 부채 사랑. 한 쌍의 원앙(鴛鴦)이 부르는 사랑 노래다.

부채로 맺어진 사랑, 부채를 부칠 때마다 두 분의 깨 볶는 냄새가 멀리 퍼졌으면 좋겠다.

그 시절의 겨울놀이

엄동설한의 양지바른 공터다. 구슬치기, 깡통차기, 딱지치기, 말뚝박기, 못치기, 연날리기, 자치기 등을 하는데 최적의 장소다. 담벼락이 블록으로 쌓여있어 기대고 문질러도 흙이 묻지 않아 좋았다. 땅바닥도 단단하고 반질거려 구슬 구멍을 파 놓으면 며칠이 지나도 그대로 유지된다. 해가 지고 밥때가 되어도 헤어질 줄 모르고 놀았던 어릴 적, 그 시절의 겨울놀이가 그립다.

공터에서 노는 아이들의 재잘거림이 시끄럽다며 앞집 할머니는 손녀딸을 업고 나와 우리를 쫓느라 손사래 친다. 할머니는 눈이 안 좋아 앞을 보지 못하셨고, 할아버지는 귀가 어두워 듣지를 못하셨다. 극성스러운 아이들은 그것을 이용해 할아버지의 성함을 친구 이름 부르듯이 불러대며 할머니를 당황시켜 놀려먹곤 했다.

안동네에서 바깥으로 넘어가는 고개가 있다. 자전거를 타고 한숨에 넘으려면 미리부터 속력을 내어 탄력을 붙여 올라야 한다. 거의 꼭대기에 이르면 숨을 헐떡이며 안장에서 궁둥이를 떼고 뒤뚱거리며 페달을 힘껏 밟아야 겨우 넘을 수 있다. 겨울에 눈이 내리면 이곳은 자연스레 눈썰매장이 되었다. 염색한 군복을 입고 군화의 목 부분을 잘라 신었던 형을 대장 삼았다. 그의 구령에 따라 비료부대를 하나씩 들고 일시에 오르내리는 눈썰매 타기는 시간 가는 줄 모른다. 짚북데기를 돌돌 말아 검정 고무신을 신은 발에 칭칭 감는다. 미끈거리는 고무신이 벗겨지는 것도 막고 신나게 타고 내려와 다시 빙판을 오를 때 미끄러지지도 않으니 요즘의 아이젠보다 좋았다.

어쩌다 이곳을 지나는 어르신은 반질반질한 빙판을 보고 어찌 지나야 할지 오금을 펴지 못한다. 날카로운 결정체 모양의 서릿발이 언덕의 흙덩이에 붙어 있다. 어르신은 미끄러지지 않으려고 빙판 가장자리에 서서 엉거주춤 만세 부르듯 흙덩이를 움켜잡는다. 중턱의 덤불과 마른 푸서리를 함께 쥐었기에 다행히 엉덩방아를 찧지 않고 아슬아슬 빙판 끝에 설 수 있다.

어르신은 조금 전 죽다 산 것에 대한 분을 못 이겨 "잡을 놈", "죽일 놈", "벼락 맞을 놈들…." 아이들 뒤통수에 대고 날카로운 욕설로 한바탕 핏대를 세운다. 위험을 겨우 비껴간 끝자락에 다다라서야 등줄기 마른땀을 식히며 두루마기에 묻은 흙과 검불을 털어내는데 연신 손이 닿을 때마다 더 더러워진다. 다시 분을 삭이지 못해 "잡을 놈", "죽일 놈" 등의 욕설을 질게 뱉어내며 어르신은 멀어져 간다. 그래도 아이들은 욕설 따위는 아랑곳 않고 즐거워한다.

다음날부터 눈썰매 탈 때는 빙판 가장자리에 발걸음 간격으로 자국을 낸 다음 짚 부스러기를 모아 한 움큼씩 놓아 주었다. 이후 지나는 어르신의 안색이 밝아짐은 물론 욕설과 핏대를 잠재울 수 있었다. 그래도 어떤 어르신은 눈썰매 타는 아이와 스쳐 다칠 것이 우려되어 헛기침과 함께 손을 휘저으며 저린 오금을 한 발짝씩 내디뎌 힘겹게 지나신다.

방죽에서 썰매타기도 일품이다. 얼음이 녹아 순간적으로 지나는 무게에 가라앉았다가 솟아나는 스릴은 위험하긴 해도 기가 막히다. 나무 스케이트는 발에 맞춰 널빤지를 자르고 중앙에 각목을 고정한다. 각목에는 두꺼운 철사를 박아 얼음판에서 잘 미끄러지도록 한다. 널빤지의 좌우에 잔못을 촘촘히 박는다. 발등에 고무줄을 단단히 감으면 나무 스케이트와 한 몸이 되어 그런대로 근사한 스케이트 흉내를 낸다. 책상다리 하거나 무릎 꿇고 타는 썰매에 비교하면 날렵한 모양새가 부러움의 대상이다.

폭설이 내리면 아이들은 작대기를 하나씩 들고 떼 지어 들판으로 나간다. 무릎까지 쌓인 눈을 헤집고 뛰어다니며 논두렁과 밭두렁을 내려치고 뒤적인다. 숨었던 장끼가 인기척에 놀라 파드닥거리며 날아보지만 이미 아이가 휘두른 작대기로 날개에 손상을 입어 날쌘 손아귀를 벗어나지 못한다.

눈이 녹으면 길은 질척거렸지만 쏟아지는 눈을 맞으며 편을 갈라 눈싸움을 벌인다. 상대편을 가까이 쫓아가 뒷덜미를 잡아 눈 무더기를 밀어 넣으면 등이 시려 팔딱거린다. 허리띠가 풀려 바지가 흘러내리고 양말이 다 젖어 김이 모락모락 올라도 아이들의 얼굴은 희희낙락 행복하기만 하다.

살며시 눈을 감는다. 다시 태엽을 거꾸로 감아 아렴풋한 꿈으로 돌아가 본다. 작은 키의 기화가 벽에 기대서고 덩치 큰 영환이가 머리 숙여 말뚝을 박았다. 내가 땅을 박차고 힘껏 뛰어올라 "가위 바위 보, 가위 바위 보" 또 이겼다. 양지바른 공터에 아이들의 웃음이 가득하다.

돌이켜보니 아이들의 웃음소리가 있어 참 건강한 세상이었다. 초를 잰 듯이 분할된 일정표에 맞춰 잰걸음으로 움직이는 요즘 아이들이 가엾다. 다시 돌아갈 수 없는 탓일까? 이토록 그 시절이 그리워지는 것이.

해가 지고 밥때가 되어도 헤어질 줄 모르고 놀았던, 그 시절의 겨울놀이와 웃음소리가 한없이 그립다.